朱可夫

描写朱可夫传奇的一生
第二位获苏联元帅殊荣

★★★★★★★★★★★★★★★★★★★★★★★★★

◎胡元斌／编著

团结出版社
UNITY PRESS

图书在版编目（CIP）数据

朱可夫／胡元斌编著. —北京：团结出版社，
2016. 2（2024. 5 重印）
　ISBN 978-7-5126-3966-9

　Ⅰ. ①朱… Ⅱ. ①胡… Ⅲ. ①朱可夫（1896~1974）
-传记 Ⅳ. ①K835. 125. 2

　中国版本图书馆 CIP 数据核字（2016）第 021144 号

出　版：团结出版社
　　　　（北京市东城区东皇城根南街84号　邮编：100006）
电　话：（010）65228880　65244790（出版社）
网　址：http://www.tjpress.com
E-mail：zb65244790@vip.163.com
经　销：全国新华书店
印　装：三河市金兆印刷装订有限公司

开　本：640mm×915mm　16开
印　张：22
字　数：348千字
版　次：2016年6月　第1版
印　次：2024年5月　第5次印刷

书　号：978-7-5126-3966-9
定　价：78.00元

前　言

　　那是童年时代的夏夜，我和小伙伴们时常躺在家乡的草坪上，仰望着美丽的星空。那闪闪烁烁的星星，有的明亮，有的灰暗，但都眨眼眨眼地看着我们。偶尔还能看见一颗颗流星划过，无影无踪地消逝在天边的夜色里。大人们说流星会带来灾难，使我们感到了害怕。小小的星星，带给我们童年多少思考与多少幻想啊！

　　随着我们渐渐长大，也看清了人类历史的天空，那是群星闪烁，星光灿烂，使我们感到人间的美好和光明。当然也有流星划过，果真给人类带来了不小罪恶和灾祸。真可谓，浩浩历史千百载，滚滚红尘万古名，英雄流芳百世，狗熊遗臭万年。这就是丰富多彩的人类社会啊！

　　在我们人类历史进程中，涌现了许多可歌可泣、光芒万丈的英雄人物，他们用巨擘的手、挥毫的笔、超人的智慧、卓越的才能，力挽狂澜，救万民于水火之中，书写着世界，推动着历史，描绘着未来，不断创造着人类历史的崭新篇章，不断推动着人类文明的飞速发展，为我们留下了许多宝贵的精神财富。

　　同时也出现了许多乱世恶魔，他们是人间的虎豹豺狼和亡命暴徒，唯恐天下不乱，制造着人间灾难，践踏着人类文明。他们顺我者生，逆我者亡，以一己之私心而放之四海，以一人之狂妄而加之全球，简直野心勃勃，横行于世，然而最终避免不了失败的命运，成了人类的跳梁小丑，落得成了人间的笑柄。

　　那么，是什么原因使有人成了人间英雄，却使有人成了人间恶魔呢？这是不得不思考的深刻问题。只有清楚了这些问题，才能让英雄辈出，让恶魔永远消失，才能更加体现我们人类社会的高度智慧和文明。

为此，我们根据国内外的最新资料和研究，特别编撰了这套《世界巨人传》。有针对性地精选了世界近现代著名的具有雄才伟略的政治家，他们是拿破仑、华盛顿、林肯、罗斯福、丘吉尔、戴高乐、撒切尔夫人。同时精选了叱咤风云的军事家，他们是艾森豪威尔、蒙哥马利、朱可夫、巴顿、布莱德雷、麦克阿瑟、马歇尔。还精选了世界近现代的臭名昭著的枭雄悍将，他们是希特勒、墨索里尼、东条英机、曼施坦因、古德里安、隆美尔、山本五十六、川岛芳子。

我们精选编撰这些世界巨人的传记，主要以他们的成长历程和人生发展为线索，尽量避免冗长的说教性叙述，而是采用日常生活中丰富的小故事来表现他们的人生道理，尤其着重表现他们所处时代的生活特征和他们人生追求的完整过程，以便引起我们读者的深深思考。

同时，值此中国人民抗日战争暨世界反法西斯战争胜利70周年之际，我们主要精选编撰了"二战"时期的世界著名巨人的传记，相信具有特别的深刻意义。广大读者阅读这些"二战"巨人传，能够加深对"二战"有关人物命运与世界和平等问题的思考，能够起到铭记历史、警示后人的重大现实和历史意义。

第二次世界大战是人类社会有史以来规模最大、伤亡最惨重、造成破坏最大的全球性战争，也是关系人类命运的大决战。这场由德、意、日法西斯国家纳粹分子发动的罪恶战争席卷全球，世界当时人口总数的80%约20亿人口受到波及。

通过全世界广大人民的艰苦奋斗，特别是通过代表对垒双方巨人斗智斗勇的较量，终于正义战胜了邪恶、和平战胜了灾难，人类迎来了新的希望。在这场人类命运终极大较量中，人类的高超智慧和巨大力量，简直表现得淋漓尽致。特别又是集中体现在对垒双方代表的巨人身上，那更是智慧和力量的化身。因此，我们广大读者阅读这些世界巨人的传记，一定能够获得智慧的神奇力量。

目 录

第一章 苦难童年

学校的目标应当是培养有独立行动和独立思考的个人，不过他们要把为社会服务看做是自己人生的最高目标。

——朱可夫

出身贫困家庭

1896年12月2日，格奥尔基·康斯坦丁诺维奇·朱可夫，出生在俄罗斯的卡卢加省的斯特列尔科夫卡村。

朱可夫家就坐落在斯特列尔科夫卡村的中央。房子非常破旧，因为年久失修，一个屋角已经陷进地面很深了，墙壁和屋顶上都长满了绿苔藓和青草。全家人只住在一间屋子里，房间里有两面窗户。

朱可夫的父亲康斯坦丁·安德烈维奇是一个鞋匠，母亲乌斯季尼娅·阿尔捷米耶娜，在农场里干活。

朱可夫还有一个姐姐，名叫玛莎。全家4口人只有这么一间房屋，日子过得很艰苦。

关于这所房子的历史，连朱可夫的父母也不清楚。据村子里一些上了年纪的老人说，这所房子原来住着一位叫安努什卡·朱可娃的寡妇。

朱可娃无儿无女，为了弥补生活的孤单和寂寞，她就从孤儿院里领回了一个2岁的男孩，也就是朱可夫的父亲。

至于亲生父母是谁，朱可夫的父亲长大后也没有去打听。只听说，他是在3个月的时候，被妈妈丢弃在孤儿院的门口，身上还夹着一张纸条，上面写着："我儿子名叫康斯坦丁。"

康斯坦丁刚满8岁的时候，养母就去世了。于是年幼的康斯坦丁就到乌戈德厂村，跟一位皮匠学手艺。他后来同孩子们讲起过，他在学徒期间主要是干一些家务活，帮着老板抱孩子、喂牛等。就这样学了三年，"满师"以后，康斯坦丁便到别的地方找

▲年轻的朱可夫在莫斯科当皮匠

活干。年少的康斯坦丁步行来到了首都莫斯科，经过一番辛苦奔波后，终于在莫斯科的维义斯制鞋厂找到了一份工作。

后来，由于参加示威游行，他和许多工人一道被工厂开除了，并被逐出莫斯科，从那时起，直到1921年去世，他再也没有出过远门，就在斯特列尔科夫卡村干皮匠活和农活。

朱可夫的母亲叫乌斯季尼娅·阿尔捷米耶娜。她出生在邻村的黑泥庄一个很穷的人家。

父亲和母亲结婚那年，母亲35岁，父亲已经50岁了。

他们都是第二次结婚，都是在第一次结婚后不久丧偶的。

朱可夫的母亲身体很强壮，她能毫不费劲地扛起80多公斤重的一袋粮食，走好远的一段路。一般妇女是做不到这一点的。

乌斯季尼娅的身体之所以强壮，是因为朱可夫的外祖父阿尔乔姆的体力好。

外祖父能钻到马肚子下面，一头把马顶起来。他还能拽住马尾巴，一把把马拉个屁蹲儿。

由于家里实在是太穷了，康斯坦丁的皮匠活又挣得很少，所以乌斯季尼娅不得不外出帮人运送货物。每年的春夏和早秋的季节，她在地里干活。

晚秋，地里活少的时候，她就到马洛亚罗斯拉韦次县城，替人把食品杂货运送到乌戈德厂的商人那里。运一趟，可挣到一个卢布至一个卢布零二十个戈比。在扣除了马料、店钱、饭钱、修鞋钱等，就所剩无几了。但是，妈妈仍在毫无怨言地干着。

事实上，斯特列尔科夫卡村的大多数农民的生活都很艰苦，因为这里地少而且瘠薄。为了不挨饿，村里的很多妇女都在拼命的干着。她们把幼小的孩子丢给年迈的奶奶、爷爷照管，自己也不管天寒地冻，不顾道路泥泞，从马洛亚罗斯拉维茨、谢尔普霍夫等地给别人运货。

在田间劳动的主要是妇女、老人和孩子。男人们则外出到莫斯科、彼得堡等大城市干些零活，但也挣不了多少钱，很少有人口袋里是装着许多钱回村来的。

朱可夫他们这些贫穷家的孩子们，都看见过自己的妈妈日子过得非常艰难。每当她们流泪的时候，孩子们的心里也很不好受。而当妈妈们从马洛亚罗斯拉韦次给孩子们带点小面包圈或甜饼干时，他们真是高兴极了！如果在过圣诞节或者是复活节的时候，能积点钱给孩子们买大馅饼，那就让他们更加欢喜了。

在朱可夫5岁、姐姐玛莎7岁那年，母亲又生下一个弟弟，名叫阿列克谢。婴儿长得特别瘦，因而大家都担心他活不长。看着瘦弱的孩子，乌斯季尼娅哭着说："孩子怎么长得胖呢？光靠水和面包行吗？"

于是，乌斯季尼娅在产后没几个月，就决定进城去挣钱。好心的邻居们都劝她好好在家带孩子，因为他实在是太瘦弱了，需要吃妈妈的奶。

但是，饥饿威胁着全家，妈妈不得不出去挣钱。没办法，只好把小小的阿列克谢交给了玛莎和小朱可夫照看。

由于缺乏营养和母亲精心的照顾，阿列克谢没到一年就死了。阿列克谢是在秋天死的，家人把他葬在了乌戈德厂公墓。小朱可夫和姐姐都为小弟弟的死而感到难过，父母就更不用说了。全家人经常去看看他的墓。

可是，真是屋漏偏逢连夜雨。在那一年，朱可夫家的房子终因年久失修而倒塌了。

朱可夫的父亲对全家人说："我们必须得离开这里，不然我们都会被砸死。现在天气暖和，我们住到草棚里去。至于以后，到时候再说吧！说不定能找到一个澡堂或者茅屋让我们住。"

一听这话，妈妈就哭了。她对孩子们说："孩子们，没办法啊，搬吧！所有的破烂东西都往草棚里搬。"

随后，康斯坦丁垒了一眼小灶，乌斯季尼娅则带着两个孩子想尽办法，在草棚子里安好了家。

过后，康斯坦丁的几位朋友来"新居"看他时，开玩笑地说："康斯坦丁，怎么，你没把灶王爷供好吧！他怎么撵你出来了？"

康斯坦丁回答说："怎么没供好？要是没供好，他早就把我们砸死了。"

康斯坦丁的邻居，也是好朋友的纳扎雷奇问道："你打算怎么办啊？"

"现在还想不出办法来。"康斯坦丁说。

乌斯季尼娅这时插话说："有什么好想的，把母牛牵出去卖了，再用这笔钱买木料。一转眼的工夫夏天就过去了，冬天怎么盖房子啊？"

"乌斯季尼娅说得对！"乡亲们说。

康斯坦丁说："对是对啊！但是一头母牛是不够的。除了它之外，家里就只有一匹老马了。"

不过，这个问题没有难倒康斯坦丁。不久，他就很便宜的，而且是用分期付款的办法，买到了一间小房架。邻居们帮忙把房架运来。在乡亲们的鼎力帮助下，不到11月，朱可夫家就把房子盖好了，用干草盖的房顶。

虽然不是很理想，但是乌斯季尼娅却很宽慰地说："没什么，就这样住吧！等我们有了钱，再盖好的。"

从外表看，这所房子就是比别人家的要差些。门是用旧木板钉的，窗户安的是破玻璃。但是，全家人却很高兴。因为在寒冷的冬天到来之际，全家总算有了一个暖和的居所了。

在吃苦耐劳中成长

1902年的秋天，朱可夫快6岁了。因为这一年的冬天来得特别早，致使朱可夫家的日子过得更加艰难了。

由于这一年的收成不好，朱可夫家的口粮只够吃到12月中旬的。康斯坦丁夫妇挣来的钱，只够买面包、盐和还债。在如此困难的情况下，多亏了热心的邻居们不时地给他们家送些菜汤和粥，帮助他们渡过了难关。这种邻里之间的互相帮助比较常见，充分体现了饱受艰难困苦的俄罗斯人团结友爱的传统美德。

随着春天的到来，家庭困窘的情况有了些好转。小朱可夫偶尔可以在奥古勃梁卡河和普罗特瓦河里捉到鱼。

去捕鱼的路两旁，生长着浓密的椴树林和低矮的桦树林，树林里结满草莓和野杨梅，到了夏末又遍地是蘑菇。附近村庄的人们也会来到林子里剥下树皮，制作一种被当地人叫做"最新式的格子鞋"的树皮鞋。

奥古勃梁卡河流经朱可夫他们村和相邻的奥古勃村这一段，河里有很多的鳊鱼、鲈鱼和冬穴鱼。朱可夫和小伙伴们主要是用篮子兜。如果运气好，捉的鱼多，朱可夫就送一些给邻居们，答谢他们时常给家里送的菜汤和粥。

1903年夏天的一天，父亲对朱可夫说："你快7岁了，该干点儿活了。我像你这么大的时候，已经顶一个大人干活了。明天我们去割草，你带上耙子，和玛莎一起摊草、晒草和垛草。"

朱可夫很喜欢割草，以前大人们也经常带他去。但是，这一次就不同了，不像从前那样只是为了玩。所以小朱可夫感到很自豪，现在自己已经参加劳动，成了一个对家里有用的人了。一路上，朱可夫见到和他同年的小伙伴们，也都拿着耙子坐在了大车上。

小朱可夫干活很卖力气，在听到大人的夸奖之后就更高兴了。许是干活太用力的缘故，他的两个手掌上很快都起了血泡。小朱可夫怕说出来丢脸，于是就一声不吭地坚持干下去。最后，血泡破了，他就

▲年轻时的朱可夫

不能再薅草了。

父亲对朱可夫说："没关系，会好的。"说完，他就用破布把儿子的两手包扎好，继续干活了。

由于手掌磨破了，朱可夫好几天都不能用耙子了。他只能帮着姐姐抱草和垛草，小伙伴们为此都笑话他。但是，几天之后，小朱可夫又加入到了割草的行列，而且干得比小伙伴们都要好。

转眼到了割麦子的季节。妈妈对朱可夫说："孩子，你要学学割麦子了。我在城里给你买了一把新镰刀，明天早晨我们就去割黑麦。"

到第二天早晨，朱可夫就兴高采烈地跟着大人一起，到地里割麦子了。一开始时，割麦进展得还不错，但很快朱可夫就倒霉了。为了想炫耀一下自己，他抢着往前赶，结果不小心被镰刀割破了左手的小拇指。

朱可夫禁不住"哎哟"地叫了一声，不远处的妈妈听见了，赶忙跑过来，看着儿子小小的手指不断流出的血，她简直吓坏了，朱可夫也害怕极了。

朱可夫家的邻居普拉斯柯维娜大婶正在旁边，她连忙摘了一片车前草的叶子，贴在了小朱可夫的手指上，然后用一条破布紧紧地把伤口包扎好。从此以后，朱可夫的左手小拇指上就留下了一块伤疤。

紧张忙碌的夏季很快就过去了，经过不断地到地里参加劳动，小朱可夫已经学会了做一些农活，身体也锻炼得更结实了。

进入教会小学读书

1903年的秋季，朱可夫和同年的孩子们都在准备上学了。小朱可夫借姐姐玛莎的书，也开始学认字。他要进的是一所教会小学，学校位于维利奇科沃村，距离他们村有1公里半远。

这年秋季，村子里除了朱可夫，还有5个孩子该上学了，其中包括朱可夫的好朋友列什卡·科洛特尔内。

村里有些家里比较富裕的孩子，洋洋得意地背着父母替他们买的背囊式书包。而朱可夫和列什卡背的不是那样的书包，而是用粗麻布缝的布袋。

▶年轻的朱可夫

于是，朱可夫就对妈妈说："讨饭的才背这种袋子，我不背它去上学。"

妈妈耐心地对他说："等我和爸爸挣到钱时，一定给你买个背包，现在你还是背着它上学去吧。"在开学的第一天，姐姐玛莎领着朱可夫去上学。玛莎已经该上二年级了。

朱可夫他们班一共有15个男生，13个女生。老师和学生们认识一下以后，就给他们安排座位。女生坐在左边一行，男生坐在右边一行。

朱可夫很想同好朋友列什卡坐在一起，但是老师说不行，因为列什卡一个字母还不识，而且他长得又比较矮。结果，列什卡坐在了第一排，朱可夫坐在了最后一排。

列什卡对朱可夫说，他会努力很快学会所有的字母，这样他们两个人就一定能坐在一起了。但是，列什卡却一直做不到这一点，他经常是班里学得最差的一个。他常常因为功课不好，放学以后还要留下来补课。但是，"列什卡是个很少见的老实孩子，他从来不抱怨老师。"朱可夫后来回忆说。

朱可夫他们的老师名叫谢尔盖·尼古拉耶维奇·雷米佐夫，他教书很有经验，为人也很好。雷米佐夫老师从不无缘无故地惩罚学生，也从不提高嗓门训斥学生。因此，同学们都很尊重他，并且愿意听他的话。

朱可夫他们村的孩子在升二年级的时候，成绩都很好，只有列什卡一个人留级了，虽然大家都帮助过他，但是他的《神学》课还是只考了两分。

姐姐玛莎因为学习不好，要在二年级留级一年。于是父母决定让她退学做家务。玛莎伤心地大哭，她辩解说她没有过错。她之所以留级，是因为母亲外出运货，让她留在家里照看弟弟阿列克谢而缺课太多的缘故。

此时，朱可夫也帮着姐姐说话。他说，人家的父母也干活，也外出拉货，但谁也没有让自己的孩子不上学。而且姐姐的女同伴们也都继续上学。

最后，妈妈终于同意玛莎继续上学了。这样一来，玛莎高兴了，朱可夫也为姐姐而感到高兴。

人穷志不短

　　朱可夫和父亲的感情很好，尽管他时常做错事被父亲责罚。但是，康斯坦丁依然很喜欢儿子，朱可夫也很喜欢父亲。

　　因为顽皮，朱可夫经常做错事，父亲就会用做鞋时用的皮带打他，让朱可夫认错。但朱可夫十分固执，任父亲怎么打，他都决不求饶，真是个倔犟的孩子。

　　有一次，朱可夫又因做错事情挨打，他便从家里跑了出来，在邻居家的大麻地里躲了3天3夜。除了姐姐玛莎外，谁也不知道他躲在哪里。他和姐姐说好，让她不要告诉任何人，并给他送饭。在接下来的几天里，人们到处找他，但是由于他隐蔽的很好，未被发现。

　　后来，那位邻居在无意间在大麻地里发现了朱可夫，于是就把他送回家。几天没见到儿子，父母都特别担心。父亲还特意表示，以后不再打朱可夫了。

那天，康斯坦丁的情绪很好，他领着儿子上了茶馆。茶馆在邻近的奥古勃村。茶馆的老板叫尼基福尔·库拉金，是一个土财主，他卖各种食品杂货。农夫们和青年们都爱到这个茶馆里喝茶，在这里可以谈谈新闻，打打扑克。

　　朱可夫很喜欢去茶馆，坐在成年人中间，听听他们谈论莫斯科和彼得堡的一些有趣的故事。朱可夫对父亲说，以后他要经常跟他来听听人们的各种谈论。

　　朱可夫是个爱动的孩子。茶馆里有个跛脚的跑堂，人称瘸子普罗什卡。他是朱可夫教母的亲兄弟。普罗什卡的腿虽然瘸，但是却十分喜欢打猎。普罗什卡常带着朱可夫去打猎，当地的野鸡、野兔特别多。夏天，他们打野鸭，冬天就去打野兔。

　　每当普罗什卡打着朱可夫赶出来的兔子时，小朱可夫就感到特别高兴。他们打野鸭都是到奥古勃梁卡河或者湖区去。打中野鸭后，朱可夫的任务就是下水去拾鸭子。

　　多年之后，朱可夫说："我至今还非常喜欢打猎，这

▲年轻的朱可夫

可能与普罗什卡在我童年时，就培养我打猎的兴趣有关。"

不久，朱可夫的父亲又动身去莫斯科了。临行前，他告诉乌斯季尼娅，莫斯科和彼得堡的工人经常举行罢工，因为失业和残酷的剥削叫人活不下去了。

乌斯季尼娅对他说："你不要多管闲事。不然，宪兵会把你流放到连放牛都没人肯去的地方。"

但是，康斯坦丁却坚定地说："我们是工人，大家到哪里，我们也到哪里。"

在父亲走后，全家人很久听不到他的消息，大家都感到不安。很快，他们就听说，1905年1月9日彼得堡工人举行了和平游行，向沙皇请愿，要求改善生活条件，但却遭到了沙皇军队和警察的枪杀。

就在1905年春天，在朱可夫他们村经常会出现一些不认识的人。他们开展宣传鼓动工作，号召人们起来同地主、同沙皇的专制独裁制度进行斗争。

此时，农民们已经听说过列宁，知道他是工人农民利益的代表者，是布尔什维克党的领袖，而布尔什维克党是为了要把劳动人民从沙皇、地主、资本家的统治下解放出来。

1906年，朱可夫的父亲回乡了。他对家人说，以后再也不去莫斯科了，警察当局禁止他住在城里，只准他回本乡。这让朱可夫感到很高兴，因为父亲不再离开他们了。

这一年，朱可夫在三年制的教会小学毕业了。他每年的学习成绩都是优秀，最后得到了一张奖状，全家为他感到高兴。为了祝贺他小学毕业，母亲送给他一件新衬衫，父亲亲手为他制作了一双皮鞋。

父亲对朱可夫说："现在你是有文化的人了，可以带你到莫斯科学手艺了。"

母亲说："让他在乡下再住一年，长大一点再进城找工作。"

1907年秋天，朱可夫满12岁了。他知道，这是他住在家里的最后一个秋天了。过了冬天，他就要外出谋生了。因此，为了减轻父母的负担，小朱可夫承担了许多的家务劳动，虽然很是劳累，但他心里感到很踏实。

母亲时常出去帮人运货，父亲一天到晚做皮匠活。父亲挣到的钱极少，因为乡亲们都很穷，大多付不起钱。妈妈因此而常常埋怨父亲，说他要的工钱实在是太少了。

每当父亲多挣得几个钱的时候，他就到乌戈德厂去喝酒，然后带着些许的醉意回家。朱可夫和姐姐便跑到大路上去接他，而他也总爱给姐弟俩带点好吃的东西，一些小面包圈或者糖果之类的零食。

冬天，没有什么家务事的时候，朱可夫就经常去捉鱼，或者是穿上自制的冰鞋到奥古勃梁卡河上溜冰，或去米哈列夫山

滑雪。

很快地，1908年夏天就到了。每当朱可夫想到自己就要离开家，离开父母和朋友到莫斯科去的时候，他就感到心情紧张。他知道，自己的童年就此结束了。

夏天里的一天，父亲问朱可夫想学什么手艺。朱可夫回答说，想学印刷工。父亲说，没有熟人可以介绍他进印刷厂。所以，母亲决定去找她的兄弟米哈伊尔，收朱可夫进他的毛皮作坊。父亲也同意了，因为毛皮匠挣钱多。朱可夫表示什么工作都愿意干，只要对家里有益处就行。

1908年7月，朱可夫的舅舅米哈伊尔·阿尔捷米耶维奇·皮利欣，回到了邻村黑泥庄。

米哈伊尔是一个毛皮匠兼皮货商人。他小时候生活很艰苦，11岁就被送进了毛皮作坊做学徒。4年后，米哈伊尔成了师傅，他省吃俭用，几年内积攒了一笔钱，自己开了一个小作坊。成了一个出色的毛皮匠兼商人。他招揽生意，高价出售，牟取暴利。

随后，米哈伊尔逐渐扩大他的作坊，除雇用八名毛皮匠外，还经常保持四个徒工。他残酷地剥削工人，因此几年间就积攒了5万卢布的资本。

母亲去求她的兄弟米哈伊尔收朱可夫做学徒。她到他避暑的黑泥庄去找他。回来后，乌斯季尼娅对康斯坦丁说，她兄弟要看看朱可夫本人。父亲问，米哈伊尔提出了什么条件。

母亲回答说："按老规矩，学徒4年，然后当工人。"

两天以后，父亲领着朱可夫到了黑泥庄。快到米哈伊尔家时，父亲对儿子说："你看，坐在门口的就是你未来的老板。你走到他跟前时，要先鞠个躬，说声：'您好，米哈伊尔·阿尔捷米耶维奇。'"

朱可夫立即反驳父亲说："不对，我应该说：'您好，米沙舅舅！'"

父亲说："你要忘了他是你的舅舅。他是你未来的老板，阔老板是不喜欢穷亲戚的。你要千万记住这一点。"

此时，米哈伊尔正躺在门口台阶上的一张藤椅上。父亲走近台阶，向他问好，然后把朱可夫推到了他的面前。

米哈伊尔没有答理姐夫康斯坦丁的问候，也没和他握手，而是转身看着朱可夫。

朱可夫对舅舅鞠了鞠躬说："您好，米哈伊尔·阿尔捷米耶维奇！"

"嗯。你好，小伙子！怎么，你想当个毛皮匠？"米哈伊尔问。朱可夫没吭声。

"是呀，毛皮匠这个行当不错，就是苦点。"米哈伊尔说。

父亲接过话茬说："他不怕吃苦，从小就劳动惯了。"

"识字吗？"米哈伊尔问。

一听这话，父亲就把朱可夫的奖状递给他看。

最后，米哈伊尔对朱可夫的父亲说："就这样吧，我收你儿子做学徒。他很结实，看来也不笨。我在这住几天就回莫斯科，但是我不能带他一道走。我妻弟谢尔盖一星期后去莫斯科，让他带你儿子去好啦。"

谈到这里，朱可夫和父亲就走了。朱可夫感到很高兴，因为他还可以在家里再住一个星期。

回到家后，妈妈忙问道："我兄弟怎样接待你们的？"

"就像阔老板接待穷哥们一个样。"康斯坦丁非常生气地说。

乌斯季尼娅问："连茶也没倒一杯？"

康斯坦丁气愤地说："走了老远的道，连坐也不让坐一会儿。他坐着，我们就像士兵一样地站着。"随后，他鄙夷地说："谁要喝他的茶，我马上带儿子上茶馆，用我们劳动得来的钱去喝茶。"

一听这话，乌斯季尼娅也没再说什么。她赶忙给朱可夫包了几个小面包圈，父子俩就去茶馆了。

父亲带他去见舅舅时所说的话，朱可夫却牢牢地记在了心里。

第二章 经受磨砺

理想的人物不仅要在物质需要的满足上，还要在精神旨趣的满足上得到表现。

——朱可夫

到莫斯科独自谋生

1908年夏天，朱可夫离开父母和家乡，前往舅舅米哈伊尔在莫斯科的毛皮作坊。

朱可夫到莫斯科去，所携带的行李很简单。妈妈给他包了两件衬衣、两副包脚布和一条毛巾。还给他准备了5个鸡蛋和几块饼，让儿子在路上吃。全家为朱可夫祈祷完之后，又按照俄罗斯人的传统，在长凳上坐了一会儿。

"上帝保佑你，孩子。"母亲说完，就禁不住伤心地痛哭起来，并把儿子紧紧地搂在怀里。

朱可夫看到父亲的眼泪也一个劲地往下淌。朱可夫自己也差点哭出声来，但他忍住了。

随后，朱可夫和母亲走着去黑泥庄。过去，朱可夫就是从这条路上学，去林子里摘野果、采蘑菇。

"妈，你还记得吗？就在三棵橡树旁边那块地里，我跟你一起去割麦子，把小手指给割破了？"朱可夫对妈妈说。

"孩子，我记得。当妈妈的对自己孩子的一切，都记得。只是有的孩子不好，他们往往忘记了自己的妈妈。"

"妈妈，我绝不会那样的。"朱可夫坚定地说。

当朱可夫和谢尔盖叔叔坐上火车时，天下起了瓢泼大雨。

车厢内很暗，在三等车厢狭窄的过道里，只有一根蜡烛发出昏黄色的光亮。开车了，车窗外面闪过一排排黑色的树影和远处村落里星星点点的灯光。

这是朱可夫第一次坐火车，以前他从来没有见过铁路。所以，这次旅行给他留下了极为深刻的印象。在火车驰过巴拉巴诺夫车站以后，远处突然出现了一排灯火通明的高楼。

于是，朱可夫好奇地问一位站在车窗旁的老人："老伯伯，这是什么城市？"

"年轻人，这不是城市。这是萨瓦·莫罗佐夫开的纳罗-福明斯克纺织厂。我在这个厂工作了15年。"他接着伤心地说："现在，我不工作了。"

朱可夫忍不住问他："为什么？"

老伯伯说："说来话长，我的妻子和女儿都死在这里。"朱可夫见他脸色苍白，闭了一会儿眼睛。

随后，老人又说道："每次经过这座该死的工厂，见到这个吞吃了我的亲人的怪物，我就无法使自己平静下来。"他猛地离

开窗户，坐到车厢昏暗的角落里吸起烟来。

朱可夫继续看着这个"吃人的怪物"，但却没有再去打听事情的经过。他知道，这个故事不会是令人愉快的，而是充满了悲伤。他不能再去揭这位老人的伤疤。

▲年轻时的朱可夫（中排右三）与战友合影

在黎明时分，朱可夫他们到达了莫斯科。车站的一切使朱可夫感到惊奇。只见大家都抢先出站，熙熙攘攘的，行李杂物互相碰撞。小朱可夫对此十分不理解，为什么人们那么着急呢？

谢尔盖一再叮嘱朱可夫说："可别多嘴。这里不比你们乡下，要时时处处小心。"

虽然此时时间还很早，但饭馆门前已经很热闹了，卖糖水的，卖甜饼的，卖下水馅包子的，卖杂碎汤和其他各种小吃的。让人看着眼花缭乱。

因为到老板家还有些早，于是他们决定先去饭馆吃早饭。饭馆旁边积着污水和垃圾，衣衫褴褛的醉汉们，横七竖八地躺在地上和人行道上。饭馆里高声奏着音乐，朱可夫听出奏的是《莫斯科大火在呼啸，在燃烧》的曲子。

出了饭馆，朱可夫和谢尔盖来到了大多罗戈米洛夫街等铁轨马车。在上马车的时候，大家抢着上，有个男人无意中用他的鞋后跟碰着了朱可夫的鼻子，把他的鼻子碰出了血。

谢尔盖很生气地训斥朱可夫说："已经对你讲过，要处处小心！"

有位好心的大伯往朱可夫的鼻子里塞了一小团破布，问道："从乡下来的吧！"接着又说了一句："到了莫斯科，要放机灵点儿。"

当马车走过市中心的时候，只见到处是高大的房屋，华丽的商店，豪华气派的马车，以及衣冠楚楚的人们。这一切使朱可夫惊奇不已，他不理解在同一个城市里，怎么会有这样两种迥然的世界。

谢尔盖带着朱可夫乘坐马车，来到米哈伊尔的作坊。作坊在德米特罗夫大街的卡美尔格尔的巷口里。

谢尔盖对朱可夫说："看，这就是你以后住的房子。院子里

是作坊，你就在那里做工，正门从卡美尔格尔巷进。但是，师傅和徒弟只能走后门，从院子里进。"

谢尔盖接着说："记住，那儿是库兹涅茨克桥，莫斯科的最好的商店就在那儿。那儿是吉明剧院，不过工人们都不去那儿看戏。再往前走向右拐，是奥哈德内街，那里可以买到蔬菜、野味、肉、鱼等。你以后经常要去那儿为女主人买菜。"

穿过一个大院，来到正在做工的工人跟前，谢尔盖很客气地向他们打招呼问好。

谢尔盖对他们说："看，从乡里给你们带来了一个新徒弟。"

有个人说："太小了。不妨让他再长长。"

一个大个子说："小伙子，多大了？"

"12岁。"朱可夫回答说。

大个子微笑着说："还行，个子虽然小点，但肩膀很宽。"

一位老师傅和蔼地补充说："没关系，会成为一个好毛皮匠的。"这是费多尔·伊万诺维奇·科列索夫。朱可夫后来看出，他在所有师傅中是最公正、最有经验和最有威信的人。

之后，朱可夫随谢尔盖叔叔爬上了昏暗而肮脏的楼梯，来到二楼，走进了作坊办公室。这时，老板娘走了出来，先和朱可夫他们打招呼，然后接着说："老板现在不在家，一会就回来了。"

然后，她对朱可夫说："走，带你看看房间，然后到厨房里去吃饭。"老板娘详细地向朱可夫讲解了他所要负的职责：最小的徒弟的职责是打扫房间、为大小主人擦鞋，并告诉他圣像前的灯什么时候点以及怎么点。

最后，老板娘说："好吧，至于别的事情，库兹马和女工头玛特廖莎会对你讲的。"

徒工头库兹马叫朱可夫到厨房吃午饭。由于朱可夫真是饿极了，所以吃起饭来特别香。可是，随后他就倒霉了。这里有个规矩：开始吃饭时，只能从公共菜盆里舀菜汤喝，不能捞肉吃。要等到女工头敲两下菜盆以后，才可以夹一小块肉吃。可是，朱可夫不知道这些规矩啊，所以他一下子就捞了两块肉，并得意地大口吞吃了。当他正要去捞第三块肉时，脑门上突然挨了一勺子，头上立刻鼓起了一个小包。

徒工头库兹马是个好青年。吃完午饭，他对朱可夫说："没关系，打了就忍着。一次打，一次乖，下回你就懂了。"

第一天，库兹马领朱可夫到附近的小店铺去认路，因为他以后要常去这些小店为师傅们买烟打酒。女厨师兼任女工头的玛特廖莎，教朱可夫怎样洗餐具和生茶炉子。

第二天一早，朱可夫就被带到作坊的一个角落里，先开始学习缝毛皮。女工头给了他针、线和顶针。她教给他缝皮技术，作了示范。

于是，朱可夫用心地开始学习他的第一堂劳动课，并在此后的艰苦日子里，更加努力的学习。

勤奋好学的学徒工

在米哈伊尔的毛皮作坊里，师傅们早晨7时开始劳动，19时收工，中间只有一小时的休息吃午饭。所以，一个劳动日就是11个小时。如果活多，师傅们就要干到22时至23时。那一个劳动日就是15个小时了。加班时间，工人们可以领到一些加班费。

徒工们经常是早晨6时起床。他们很快地洗完脸，就去收拾工作场地，准备好师傅们工作所需要的一切。晚上等打扫完了，为第二天做好准备后，要到很晚才能睡觉。徒工们就睡在作坊里的地板上，天很冷的时候，才让睡后门过道里的高板床上。

起初，朱可夫感到很累，他很难习惯晚睡觉。因为他在乡下时，通常睡得很早。但慢慢也就习惯了，也能担当起每天繁重的劳动。

一开始，朱可夫很想家。他常常想念那些心爱的小树林，他最喜欢同普罗什卡一起到那里打猎，同姐姐一起去那里摘野果、采蘑菇、拾柴火。一想到这些，朱可夫心里就感到很难过，就想哭。他想，他永远也看不到母亲、父亲、姐姐和朋友们了。徒工要到第四年才给几天假回家看看，而朱可夫觉得，这个时间好像永远也不会到来了。

每到星期六，库兹马就领着朱可夫他们去礼拜堂做彻夜祈祷，每个星期日要做晨祷和弥撒。每逢大的节日，老板还领他们去克里姆林宫的乌斯平斯基大教堂去做弥撒。

可是，朱可夫他们不喜欢去礼拜堂，并经常找出各种借口从那里逃走。但是，他们很高兴到乌斯平斯基大教堂，因为那里可以听到美妙动听的教

▲年轻时的朱可夫

堂大合唱，并且特意去听大辅祭罗佐夫讲道，他的嗓门大得像个大喇叭。

一转眼，一年就过去了。虽然学习中遇到了不少困难，但是朱可夫还是顺利学会了毛皮匠这一行当的初步手艺。在作坊里工作，很是艰辛。因为老板常常为了一点点小过错，就狠狠地打他们，他打人时手还特别重。徒工们经常要挨师傅的打，要挨女工

头的打，还要挨老板娘的打。

有时，老板让两个犯了过错的徒弟，用一种抽打皮子的树条互相抽打，自己则在一旁喊着："给我狠狠地打，使劲地抽！"徒弟们也只好默默地忍受着。

徒工们认为，老板打徒弟是司空见惯的事，这是法规，是制度。老板也认为，徒弟的一切是完全由他支配的，永远也不会有人因为他打徒弟，对年幼的徒工们给予非人道的待遇而责问他。

事实上，从来没有人关心过徒工们是怎样劳动生活的。对于徒工来说，最高审判官就是老板。徒工们被套上的就是这样沉重的枷锁，朱可夫认为，这种枷锁并不是每一个成年人都能承受得了的。

当时，年仅12岁的朱可夫，他所遭受的磨难多么令人心伤，可朱可夫是一个坚强的孩子，他很有韧性，硬是咬紧牙关坚持下来了。他在作坊里已经学会了很多东西。

身为学徒，朱可夫虽然每天都很忙，但他仍然挤出时间来读书。朱可夫非常感激他的老师谢尔盖·尼古拉耶维奇·雷米佐夫，是他教育朱可夫热爱读书的。老板的大儿子亚历山大也帮助朱可夫学习。两个人同岁，又是表兄弟，所以他对朱可夫比对别人要好一些。

在亚历山大的帮助下，朱可夫读了长篇小说《护士》、柯南·道尔的《福尔摩斯笔记》和其他许多廉价的惊险小说。这些书都很有趣，但朱可夫觉得没有什么教益，他想认真地学些东西。

经过考虑，朱可夫和亚历山大商量，他同意朱可夫的看法，并答应帮助他。以后，两个表兄弟就开始一起学习俄语、数学、地理，并阅读一些通俗科学读物。通常是他们两人一起学习，主要是利用老板不在家的时候和星期日进行学习。

就这样，有一年多的时间，朱可夫相当成功地进行了自学，并上了课程相当于市立中学的文化夜校。开始时，老板不想让朱可夫上夜校，但是，亚历山大说服了父亲，于是他就同意了。朱可夫的功课，都是他在夜间爬到高板床上，借着厕所的灯光做的，厕所里通宵亮着一只小电灯。

朱可夫还会从车费上省钱，那个时候老板经常会让朱可夫出去送货，同时还会给他几个铜板坐车。可是，朱可夫一般都是走着去的，他把省下来的钱用来买书了。

有一次，在朱可夫夜校毕业考试前一个月的一个星期日，老板出去看朋友了，于是朱可夫和老板舅舅的两个儿子坐在一起打牌，玩的是抓"二十一点"，他们玩得正高兴，谁也没有注意老板在这个时候回来了，并走进了厨房。

这时，正轮着朱可夫坐庄了，他赢牌了。突然有人打了他一记重重的耳光。回头一看，啊！原来是老板！朱可夫吓得目瞪口呆，一句话也说不出来了。而此时，亚历山大和尼古拉都跑

掉了。

老板生气地对朱可夫说："你学文化是为了什么？是为了打牌数点点？从今天起，你哪儿也不准去，也不准同亚历山大再在一起！"

过了几天，朱可夫去特维尔斯卡亚街到夜校讲了事情的经过，因为他的学习只剩下一个多月了。人们把他取笑了一番，但准许他继续参加考试。

最后，朱可夫参加了市立中学的全部课程考试，成绩很好。他感到很高兴，从此更加热爱学习了。

正义面前奋不顾身

1911年，朱可夫当上了徒工的工头，有3名徒工听从他的指挥。

此时，朱可夫对莫斯科已经非常熟悉了，因为他到全市各街巷送货的次数比别人多。

虽然很忙碌，朱可夫继续上学的心并没有泯灭，只是没有找到适宜的机会。但是，他还是想方设法地读了一些东西。

科列索夫师傅在思想上比别的师傅开通，他看过的报纸，朱可夫就拿过来看。亚历山大也借一些杂志给朱可夫看。他自己还用节省下来的"电车费"买书看。

有时，老板派他到马里伊诺林场或莫斯科南岸市区送货，就给几个戈比的马车费。但朱可夫把皮货袋往背上一搭，抓紧时间走着去，就把这笔钱节省下来了。

到了学徒期的第四年，老板看朱可夫身体很结实，为人又很

诚恳，于是就带他去下诺夫哥罗德参加有名的集市。老板在那里
租了一间小门面批发毛皮。

在集市上，朱可夫的职责主要是给已售出的货物打捆，到伏
尔加河码头、奥卡河码头和铁路货房，向指定地点发货。

在这里，朱可夫第一次见到了伏尔加河。朱可夫这样描述自
己当时的心情：

> 我第一次看到了伏尔加河，她的伟大和瑰丽的确使
> 我倾倒。在这以前，我从来没有见过比普罗特瓦河和莫
> 斯科河更大、更深的河了。
>
> 清晨，伏尔加河整个儿沐浴在初升的太阳中，像金
> 子一样闪闪发光。我看啊，看啊，久久不愿移开留恋的
> 目光。我想，我现在才懂得，伏尔加河为什么被人们尽
> 情讴歌，为什么被人们比做自己的母亲。

此时，朱可夫还不曾预料到，他将为保护这条母亲河，指挥
千军万马勇猛杀敌。

在下诺夫哥罗德，还发生了一件事情，让朱可夫印象尤为深
刻。那年，在参加完下诺夫哥罗德集市以后，朱可夫他们又去顿
河乌留皮诺参加集市。老板没有去，而是派掌柜的瓦西里·丹尼
洛夫去了。

丹尼洛夫是一个残忍的家伙，他常常因为一点儿小事，就以一种暴虐狂的方式，狠打一个14岁的小徒弟。

有一次，当丹尼洛夫再一次打这个小徒弟时，朱可夫实在忍不住了，于是就抓起一根捆包时用的橡木杠子，使尽全身力气照着掌柜的头上打去。结果，一下子把他打倒在地，晕过去了。

年少的朱可夫当时很害怕，以为把他打死了，于是就从店里逃跑了。后来，事情平安地过去了。因为丹尼洛夫只是被打晕了而已。

几天后，当他们回到莫斯科后，丹尼洛夫就向老板告了一状。于是老板就把朱可夫狠打了一顿。

1912年，朱可夫幸运地得到了10天的假期回乡探亲。此

▲年轻的朱可夫

时，正是割草季节的开始，朱可夫一直觉得割草是最有趣的一种田野劳动。许多男人们都从城里回家割草，帮助家里的妇女们收好青草，准备好给牲口过冬的饲料。

此时，朱可夫已经16岁，离开家已经4年了。他回家的心情十分的迫切。他乘坐马洛亚罗斯拉韦次郊区的火车，从莫斯科到

奥博连斯科耶小站。在火车上，朱可夫一直站在一个打开的车窗旁，看着沿途各车站的设施和莫斯科近郊美丽迷人的大小树林。

母亲到奥博连斯科耶小站接儿子来了，她看上去显得苍老多了。此时，朱可夫有些激动，但是他使劲地忍住，才没有哭出声来。

而母亲却哭了很久，用她那双粗糙的、长满老茧的手紧紧地搂着儿子，反反复复说着这么几句话："亲爱的儿子！我以为我死以前看不到你了。"

"妈妈，您怎么啦，您看，我这不是长大了，现在你该高兴了吧。"善良孝顺的朱可夫安慰着妈妈。

"感谢上帝呀！"母亲激动地说。

母子俩回到家里时，天已经黑下来。父亲和姐姐在门前接他们。朱可夫看到姐姐玛莎已经长成漂亮的大姑娘了。

父亲老多了，背也驼得更厉害了，毕竟已是70多岁的年纪了。父亲按自己的习惯，吻了儿子一下，若有所思地说道："好啊，我终于活到了这一天，看到你长大成人了。"

为了使父母和姐姐更高兴，朱可夫赶快打开篮子，给每人送了一份礼物。另外还给了妈妈3个卢布、两磅糖、半磅茶叶和一磅糖果。

母亲高兴地说："儿子，谢谢你！我们已经很久没有喝过像样的糖茶了。"

朱可夫又给了父亲1个卢布，供他上茶馆零花。妈妈说："给他20个戈比就够了。"

父亲说："我等儿子等了4年。别提穷的问题了，免得使我们在见面时就扫兴。"

到家后的第二天，朱可夫就跟着母亲和姐姐去割草。在地里，朱可夫见到了很多朋友，特别是见到了童年时的好朋友列什卡·科洛特尔内，这使朱可夫感到高兴不已。

一开头，割起草来，朱可夫觉得有点不得劲。感到疲倦，满头大汗。过了一会儿就好了，割得很干净，也没有落在别人的后头。

纳扎尔大叔搂着朱可夫汗湿的肩膀说："怎么样，农活不轻松吧？"

朱可夫坦率地说道："不轻松。"

一个不认识的青年人，走到他们跟前说："现在英国人都用机器割草了。"

于是，朱可夫问孩子们，刚才说到机器的那个青年是谁。有人告诉他："他叫尼古拉·朱可夫，是村长的儿子。四年前从莫斯科送回来的。他说话尖刻，连沙皇也敢骂。"

列什卡说："背后骂骂沙皇可以，没有关系，只要不被警察和密探听到就行。"

太阳越来越晒了。人们不再割草了，开始晒割下来的草。中

午，朱可夫和姐姐把干草装上车，然后爬上去坐着，让牲口拉回家。此时，妈妈已经准备好油煎土豆和糖茶，等着他们回来。

晚上，青年们又聚集到粮仓的附近，开始唱歌跳舞。姑娘们用优美的嗓音唱起温柔的曲调，小伙子们就用青年人的男中音和未定型的男低音伴唱。然后是跳舞，一直跳到累得要倒下为止。天快亮时，大家才各自回家。

然而刚睡下不久，大人们就来催着他们起床去割草。可是一到了晚上，年轻人又继续欢乐地唱啊、跳啊，很难说我们什么时候才睡的觉。青春年少的日子，年轻人即使不睡觉也那么有精力。年轻真好！在这样忙碌而又快乐的氛围下，假期很快就要过去了，朱可夫要回莫斯科了。

在离家的前两天的那个晚上，邻村的科斯廷卡村发生了火灾，风刮得很大。火是从村中间烧起来的，很快就蔓延到了邻近的房屋、草棚和粮仓。

当时，朱可夫他们这些年轻人正在玩，忽然看到科斯廷卡村浓烟滚滚。只听有人大叫了一声："失火了！"

于是朱可夫和大家一起快速地奔向消防棚，推出水龙头，抬着奔向科斯廷卡村。朱可夫他们是第一批赶来救火的，连科斯廷卡本村的消防队都比他们来得晚。

当朱可夫提着一桶水跑过一家门口时，听到有人喊："救命啦，我们快烧死了！"

朱可夫马上跑进有人喊救命的那间快到倒塌的屋子，救出了几个被吓得要死的孩子和一位生病的老大娘。最后，大火终于被扑灭了。当朱可夫看到许多村民的全部家当都被烧成了灰烬而变得无家可归，有些人家甚至烧得连一块面包皮都没有剩下时，他心里感到非常难过。

　　早晨，朱可夫发现身上穿的新上衣被烧了两个铜板大的洞。这件上衣是他在休假前，老板送给他的，这是规矩。

　　母亲说："唉，老板反正是不会褒奖你的。"

　　朱可夫回答说："让他评评理，是上衣值钱还是救人要紧。"

　　朱可夫离开家的时候，心情很沉重。特别是在火灾场上，看到那些不幸的人们在那里刨来刨去的，想找到点烧剩下的东西的时候，他的内心就感到十分的沉痛。

　　朱可夫同情他们的苦难，因为他心里十分地了解，没有牛，对农民来说意味着什么。

关注产业工人运动

1912年底，朱可夫4年的学徒期满了，他成了一个青年师傅，也就是老师傅的帮手。

老板问朱可夫："你以后打算怎么住啊？是留在作坊宿舍里，还是到私人住宅去住呢？如果住在作坊里，继续在厨房里同学徒们一起吃饭，每月的工资是10个卢布。如果住私人住宅，就能拿到18个卢布。"

当时，年轻的朱可夫生活经验不足，于是就对老板说："我想住在作坊里。"

不过，后来他才明白，这样做不是很划算，因为每天师傅们下工后，老板总要找些紧急的、但又是没有工钱的活让他干，而他是不能不干的。

朱可夫觉得这样下去不行，因为他还是想多读些书。于是，朱可夫搬到了私人住宅去住，晚上也有了更多的时间来学习。

过圣诞节的时候，朱可夫又回了一趟乡下，看望父母和姐姐。他现在已经17岁了，是一个师傅了，每月可以挣到10卢布，这在当时不是所有的人都能挣到的钱数。

　　老板很信任朱可夫，认为他是一个忠诚老实的小伙子。他常派朱可夫去银行为他兑取支票，或者办理活期存款，并且常带着朱可夫到他的店里去。在店里，除了让朱可夫干毛皮工人的活以外，还叫他负责捆货，到货房办理托运。

　　朱可夫比较喜欢在店里面工作，因为在这里可以常常同多少有一些知识的人打交道，可以听到他们对当时各种事件的谈论。

　　作坊里除了科列索夫师傅以外，其他的师傅们都没有看报的习惯，所以对政治问题，谁也搞不清楚。当时，没有毛皮工人工会，每个人都是自己顾自己。后来成立了皮革工会，毛皮工人才加入进去。

　　所以说，毛皮工人们那时候都不问政治也是不足为奇的。只有个别人例外。

　　大多数毛皮工人师傅们只关心自己的切身利益，每个人都有自己的小天地、打着自己的算盘。某些人还不择手段地为自己积攒一笔小小的资本，总想开个小店，自己当老板。

　　朱可夫认为，当时的"毛皮工人、成衣工人和其他小手工业作坊的工人，与产业工人不同，与真正的无产者不同，他们的小资产阶级思想很浓厚，缺乏无产阶级的团结精神"。

产业工人不会想着去开办工厂。因为，这需要有成千上万的卢布。而他们的收入微薄，只够勉勉强强地吃饱肚子。劳动条件和经常性的失业威胁，使产业工人能够联合起来，同剥削者进行斗争。

1910年至1914年第一次世界大战爆发之前，俄国的革命形势发展得十分迅速。莫斯科、彼得堡和其他工业城市的罢工运动风起云涌，接连不断。大学生们也经常举行一些集会和游行。

由于1911年的粮食绝收，出现了大饥荒，农民的生活几乎陷入了绝境，导致一些不稳定的情况出现了。在毛皮行，尽管工人们在政治上还不成熟。

但是，当他们听说西伯利亚勒拿金矿的工人们惨遭枪杀的事件后，大部分人都同情和支持着工人和农民。

朱可夫对当时的形势也很关心，他经常会看一些报纸，从而可以了解到最新的政治形势。作坊里的师傅中，只有科列索夫有时能搞到布尔什维克的《明星报》和《真理报》，这些报纸简单而通俗地解释了为什么工

▲身着将官夏季常服的朱可夫

人和资本家之间、农民和地主之间的矛盾是不可调和的，并证明了工人和贫农有着共同的利益。

当时，年少的朱可夫在政治问题上还比较的幼稚。但他此时已经明白，这些报纸反映了工农的利益，而《俄国言论报》和《莫斯科新闻报》则代表了沙俄老板和资本家的利益。每次回家探亲时，朱可夫已经能向他的朋友们和乡亲们讲解一些革命道理了。

朱可夫说他第一次听说第一次世界大战的起因是莫斯科的外国商店遭到了打砸。他记得是秘密警察和黑帮分子捣毁了德国和奥地利商行，但由于不懂外文，这些人把法国和英国商行也一同捣毁了。

1914年，第一次世界大战爆发了。由于受到沙皇政府所谓的"爱国主义"宣传的鼓动，许多青年，特别是有钱人家的子弟，都志愿到前线去打仗。

当时，在部队中的一些老兵在革命政治思潮的影响下，指责沙皇尼古拉二世鲁莽地把俄国带进第一次世界大战，整个国家将会毁于这场毫无意义的战争。这些指责不过是事实真相的冰山一角。

1914年7月底，战争已经迫在眉睫，随时都有可能正式爆发。这时，奥匈帝国皇储斐迪南大公在萨拉热窝遇刺身亡，奥匈帝国以此为借口随即向俄国的亲密盟友塞尔维亚宣战。

为了帮助塞尔维亚，当时的俄国沙皇发布了全军总动员令。就在这时，德国皇帝威廉二世给他的表兄弟沙皇（他称为"尼克"）发去一封电报，声称他希望奥匈帝国和俄国能够保持友好关系。

但是"威利"（沙皇对德皇的昵称——他们习惯于在信中这样互相称呼对方）已经无法阻止一场"亲爱的表兄弟"之间的战争的来临。

亚历山大不听从父亲的劝阻也决定去前线，并极力劝朱可夫也去。一开始朱可夫接受了亚历山大的建议，但是他还是决定找自己最尊重的科列索夫师傅商量一下。

科列索夫对朱可夫说："亚历山大的心愿，我是理解的，他父亲有钱，他有理由去打仗。你呢，你为什么打仗？是不是因为你父亲被赶出了莫斯科，你母亲被饿得要死？你被打残废回来，就再也没人雇佣你了。"这些切合实际的发自肺腑的话，把朱可夫说服了。

随后，朱可夫告诉亚历山大，他不去打仗了。亚历山大把他痛骂了一顿，然后就离家出走了，上了前线。两个月以后，亚历山大身负重伤被送回了莫斯科。

朱可夫仍然在作坊里工作，此时他已经住到奥哈得内街私人住宅里去了。他以每月3个卢布的租金，向寡妇马雷舍瓦娅租了一个床位。马雷舍瓦娅有个女儿叫玛丽亚，朱可夫与她相爱，并且还决定要和她结婚。但是，战争使他们的希望和打算都变成了泡影。

由于前线的伤亡很大，所以在1915年5月，沙皇政府提前征召了1895年出生的青年。还不到20岁的年轻人就上前线打仗去了。

1915年7月底，政府宣布提前征召1896年出生的青年入伍，同时要求朱可夫这一年龄阶段的青年必须应征入伍。于是，正适合此年龄段的朱可夫向老板请了假，回乡下同父母亲进行告别，顺便帮他们把庄稼也收完了。

▲哈勒欣河战役胜利后的朱可夫（中）

　　朱可夫认为俄国正处在危险之中，他暗自下了决心："如果祖国向我发出召唤，我将忠诚地为她而战。

　　在离开莫斯科时，朱可夫看到到处都是从前线运回来的伤兵，而那些阔少爷却仍然与从前一样，过着骄奢淫逸的生活，他们乘着华丽的马车到处游逛，或者赛马玩，或者到"雅尔饭店"狂欢暴饮，每天都喝得烂醉如泥。

　　朱可夫看到这两种迥然的状态，一种使命感由心而出。

第三章 投身军旅

　　一个没有受到献身的热情所鼓舞的
人，永远不会做出什么伟大的事情来。

——朱可夫

紧张的新兵训练

1915年8月7日，朱可夫在家乡卡卢加省马洛亚罗斯拉韦茨县应征入伍了。当时，第一次世界大战正在紧张地进行着。

朱可夫被选进到骑兵部队，而他也很高兴能在骑兵部队中服役。一个星期后，所有应征的青年都到兵站进行报到。编队以后，朱可夫就与同乡们分手了。

此时，在朱可夫的周围，都是一些陌生的、同他一样还没有长胡子的孩子们。薄暮中新兵们乘上火车，开往位于莫斯科南部卡卢加的军事区，到征兵办公室报到。

起初，朱可夫一直感到很苦闷和孤单。他在心里问自己："我吃得了当兵的苦吗？如果要去打仗，我行吗？"但是，朱可夫转念一想：自己经受过生活的锻炼，一定能够光荣地完成士兵的职责。

朱可夫和同伴们被装在了闷罐车里，每个车厢40个人。由于车厢里没有客运设备，所以新兵们一路上都只能站着，或者坐在肮脏的车厢地板上。有的在唱歌、打牌，有的在同邻座的人聊天时禁不住哭了，也有的人目不转睛地凝视着一个地方，坐在那里想象着未来的士兵生活。

到达卡卢加时，已是夜间了。新兵们在一个货车站台下了车。随后，传来了"集合！"、"看齐！"的口令，然后士兵们列队向城市相反的方向前进。

有个人问上等兵："我们开往哪里？"

这个上等兵和蔼地对新兵们说："孩子们，永远不要向长官提出这类问题。当兵的应默默地执行长官的命令和口令。至于开到哪儿，这是长官才可以了解的事。"

走了3个小时，部队停下来休息了一小会儿。此时，年轻的新兵们都已经累得疲惫不堪了。快天亮的时候，大家困得要命，刚一坐下，鼾声就此起彼伏地响起来了。

但是，队长很快就发出了口令："集合！"于是新兵们又赶忙站起来集合，继续向前赶路，一小时后才到达军营。士兵们被带进了兵舍，按指定的床位，睡在什么也没有垫的铺板上。

兵舍的条件很差，风从墙缝和被打坏的窗口直往里钻。可是连这样的"通风"条件也没有起作用，兵营的"气味"还是很浓郁。

朱可夫被编入后备步兵第一八九营，这里将为后备骑兵第五

团组建队伍。在离开这里以前，骑兵们要接受步兵队列训练。

士兵们领到了教练步枪。班长、上等兵沙赫沃罗斯托夫，宣布了各项内务制度和士兵们的职责。他严格规定了，士兵们除了"解手"以外，任何地方都不准去，否则将被押送到惩戒营。

沙赫沃罗斯托夫说起话来一字一顿，斩钉截铁，不时地挥舞着拳头，一双小眼睛里迸射出凶狠的目光，好像我们都是他不共戴天的仇敌一样。

朱可夫无意中听到有人说："跟着这样的家伙，甭想有好日子过啦。"

这时，一位上士走到队列跟前。班长发出了"立正！"的口令。

上士对士兵们说："我是你们的排长马利亚夫科。我相信，你们已经很好地懂得了班长所解释的一切，所以，你们

▲年轻时的朱可夫

将要忠诚地为沙皇和祖国效劳。要绝对服从命令！如果你们擅自行动，将严惩不贷！"

第一天的队列训练开始了。每个士兵都努力按照口令，做好每个队列动作和持枪动作。但是，要想使长官满意，特别是得到

他们的表扬，那可真是不容易。排长要求苛刻，因为有一个兵踏错脚步就要罚全排的士兵重做。结果，朱可夫他们最后才去吃晚饭，此时连汤都凉了。

现在，我们唯一的渴望就是早点上床睡觉。然而，排长好像猜透了我们的心思，偏偏命令我们再次集合，说是明天晚上将要参加全体晚点名，所以今晚必须学会唱国歌《上帝保佑沙皇》。唱歌练习一直持续到了深夜。第二天早晨6时，我们就又被叫醒出早操了。

士兵们每天的生活十分单调。第一个星期天到了，大家想终于可以休息一下了，也有时间洗个澡了，可是又被叫去打扫操场和军营，一直忙到了吃午饭的时间。午睡之后，我们又擦拭枪支、补衣服和写家信。

班长警告士兵们说："你们不得在信里对任何事情表示不满，因为这样的信件检查官一概要扣发的。"

经过两个星期后，几乎每个士兵都已经习惯了军队的各项规章制度，逐渐适应了部队的生活。

在第二个周末，朱可夫他们排要接受连长、上尉沃洛金的检查。新兵们听说，连长很喜欢喝酒，当他喝醉的时候，你最好不要被他看到。尽管从外表上看，沃洛金和其他军官相比并没有什么特别的地方。

但是后来士兵们发现，沃洛金对检查军事训练并不感兴趣。

检查结束后，上尉沃洛金进行了简短的讲话，他激励士兵们要保持高昂的士气，要努力训练，同时沃洛金还说："向上帝祈祷和为沙皇效劳，都不会是徒劳无益的。"

在开赴后备骑兵第五团以前，朱可夫还看见过连长几次，记得有两次是在他喝醉酒的时候。至于第一八九后备营营长，朱可夫他们在整个受训期间，一直就没有见到过他。朱可夫心里想：这样的军官怎么能带好兵，打好仗呢？

坚韧有素的准军士

1915年9月，朱可夫被派到乌克兰境内的第五后备骑兵团，该团驻扎在哈尔科夫省的巴拉克列亚市。

列车经过巴拉克列亚后，抵达萨文策车站。这里正在准备为前线骑兵第十师运送补充兵员。

到月台上来迎接朱可夫他们这些新兵的，是穿着新制服、仪表端正的骑兵军士和司务长们。他们有的穿骠骑兵制服，有的穿枪骑兵制服，还有的穿龙骑兵制服。

朱可夫被分到了龙骑兵连。他为自己没有被分到骠骑兵连而感到遗憾，因为骠骑兵的军服漂亮，而且他听说那个连队比较讲人道。在沙皇的军队里，士兵的命运完全掌握在军士的手里。

随后，朱可夫领到了骑兵军服、马的装具，还有一匹深灰色的烈性马，名叫"恰谢奇娜娅"。

朱可夫觉得，当骑兵比当步兵有意思的多，但是也更艰苦得

多。骑兵除了一般的课目外，还要学习骑术，掌握冷兵器，一天刷三次马。

骑兵团的起床时间，不像步兵那样是早上6点钟，而是早上5点钟起床号就吹响了，熄灯时间也比他们晚一个小时。朱可夫认为对骑兵来说，最困难的是乘马训练，即骑乘、特技骑术和使用冷兵器矛和马刀。学骑乘时，很多士兵的两腿都磨出了血，但也不敢发牢骚，因为在部队中是严禁诉苦抱怨的。

长官经常告诉士兵们要学会忍耐，要学会逆来顺受。当时的长官们总是会对士兵们说这样一句话："好汉子，忍着吧，你将成为一名好长官的。"我们竭尽全力，坚持训练，直到我们最后能够在马鞍上牢牢坐稳。

▲成为军人的朱可夫

朱可夫他们的排长是上士杜拉科夫。虽然他的名字俄语意思是"傻瓜"，但实际上他却是一个非常聪明的人。杜拉科夫对下级要求虽然很严格，但是为人却是十分公正的，同时，他在处理问题时也是十分谨慎的。

可是，另一位指挥官下士博罗达夫科，却和杜拉科夫完全相反。博罗达夫科性情暴躁，恃强凌弱，动不动就会打人。朱可夫听老兵们说，他曾打掉过好几个士兵的牙齿。另外，他在教练骑术时特别冷酷无情。

在博罗达夫科教练骑乘时，表现得非常残暴。在排长短期休假期间，也是士兵们体会最深的时候。

白天操课时，博罗达夫科把大家搞得筋疲力尽。他还特别爱整治那些在入伍前，在莫斯科住过和工作过的新兵，他认为这些人是"有学问的人"，并且清高自大。

夜间，博罗达夫科几次检查内务值勤情况，如果遇见值日兵打瞌睡，他就狠狠地揍一顿。士兵们被他逼得简直是忍无可忍。

有一天，朱可夫和几个士兵商量好，要教训一下这个坏蛋。他们悄悄地躲在一个黑暗的角落里，等他走过时用马披蒙上他的头，狠狠揍了他一顿，直到他昏死过去才住手。

大家以为这样一来，军事战地法庭是不会轻饶他们的。然而，就在这个时候，排长杜拉科夫休假回来了。他站出来打了一个圆场，就把事情搪塞了过去。而且，杜拉科夫不久还请求上级把博罗达夫科调到别的骑兵连去了。

1916年春天，经过一系列的艰苦训练，朱可夫已经成为一个训练有素的骑兵了，而他们排也成为了一个训练有素的骑兵排。这时，他们接到了通知，即将编成补充骑兵连。

但在开赴前线之前，士兵们基本上仍按野战训练大纲继续训

练。然后从训练成绩最好的士兵当中，挑选30人，准备培养当军士，朱可夫被选上了。

但是，朱可夫不愿意去教导队上培训班，排长杜拉科夫对朱可夫说："朋友，前线你还是会去的。但是，现在更多地要学些军事，这对你会很有用处。我相信，你会成为一名好军士的。"

杜拉科夫想了一想，接着说："我就不急着再上前线去。我在前方待了一年，很了解那是怎么一回事，而且也懂得了许多事情。遗憾，十分遗憾，我们的人就这样糊里糊涂地死去，请问，这是为什么？"

从杜拉科夫的言语中，朱可夫感觉到，他已经流露出来一个士兵的天职，同一个不愿意与沙皇专制暴行妥协的公民的意愿之间的矛盾。朱可夫很感谢他的忠告，并同意去教导队参加培训班。

教导队驻在哈尔科夫省伊久姆城内，学员们都是从各个部队抽调来的，总共有240人。他们分别住进了民房，不久后训练便开始了。

到教导队以后，朱可夫又碰上了一个坏长官。这个上士比博罗达夫科还坏，士兵们都叫他"四指半"，因为他右手食指短了半截。但是，这并不妨碍他一拳就能把士兵打倒在地。

"四指半"不打朱可夫，也许看他长得壮实吧。可是，一旦被他抓到一点小过错，就会对朱可夫施加各种惩罚。后来，朱可夫强烈的自信、强壮的体格和毫不胆怯的态度还是激怒了粗野的上士。

朱可夫曾多次被责令穿戴全副战斗装备、头顶马刀罚站，从马厩背过无数袋的沙子到野营帐篷，无数次地担任过节日值班。

朱可夫知道，他所遭受的这一切都是那个愚蠢而凶狠的家伙对他的仇恨。但是，在操课方面，这个坏蛋怎么也挑不出朱可夫的毛病。

后来，"四指半"实在挑不到朱可夫的毛病，便决定改变策略。

有一天，"四指半"把朱可夫叫到帐篷去，对他说："我看出来了，你是一个有个性、有文化的青年，学习军事不吃力。你是莫斯科人，是工人，为什么还要你每天去参加操课，跟着去流汗呢？你以后就当我的抄写员，负责填写值勤登记表，统计到课缺课人数和执行其他的任务。"

朱可夫说："我到教导队来，不是为了要当一名负责承办各种事项的职员，而是为了要认真地学习军事和当一名军士。"

"四指半"恼羞成怒了，他威胁朱可夫说："你等着瞧吧，我叫你永远也当不上军士。"

按照当时的规定，教导队里学习最好的一名学员，毕业时要授予下士军衔，其余的学员只授予准军士。同学们都认为朱可夫学习最好，毕业时一定会获得下士军衔。

但是，在毕业前的两个星期，教导队宣布了一个意外的决定：由于不守纪律和冒犯直接长官，朱可夫被开除出教导队。大家都很清楚，这是"四指半"捣的鬼。

但是，天无绝人之路。有一名志愿入伍者斯科里诺，也在朱可夫他们排受训，他是朱可夫来教导队之前所在的那个骑兵连副连长的兄弟，就连他也被"四指半"打过。

斯科里诺立即去找教导队长，向他报告了"四指半"对朱可夫不公正的处理。

队长下令叫朱可夫去办公室。此时，朱可夫心里感到很害怕，因为他以前从来没有跟军官们讲过话。他心想："这一下完蛋了！看来，惩戒营是躲不过去了。"

士兵们很少见过队长，只听说他是因为作战勇敢被提升为军官，得过几乎所有的各级乔治十字勋章。

见到队长后，朱可夫惊奇地发现，队长的眼睛很柔和，为人很热情，看上去很朴实。

队长问朱可夫："士兵，怎么啦，兵当得不顺利呀？"他指指凳子让朱可夫坐下。朱可夫依然站着，不敢坐下。

队长见朱可夫不坐，于是接着说道："坐下，坐下，不要怕，你好像是莫斯科人？"

朱可夫回答说："是的，阁下！"

队长很温和地对他说："我也是莫斯科人。入伍前在马里伊诺林场工作，是个木匠。以后就来当兵，看来现在只有献身于军事了。"

队长沉默了一会儿，又说道："士兵，对于你的鉴定很不好呀。里面写着，你在4个月的受训期间共受到10次处分，你叫自己的排长为'剥皮'，还用各种不好听的话骂排长，这些是真的吗？"

朱可夫回答说："是的，阁下。但是，有一点我必须报告，就是任何人处在我的地位，也都只能这样做。"然后，朱可夫向他报告了全部真实的情况。

队长仔细倾听了他的申诉，最后说："回排去吧，准备考试。"事情就这样结束了，但是朱可夫毕业时没有得到第一名，而是和大家一样，都是准军士衔。

朱可夫认为，旧军队中的军士训练课程搞得不错，提供了很好的训练，尤其是队列训练。每一个毕业生经过训练后都能成为一名优秀的骑士，能够熟练地使用各种武器，精通队列训练科目。

至于当时的基础训练，操练是最重要的。但朱可夫强调指出，沙皇军队没有教育未来的军士们学会用"人道的态度"对待士兵，而只是追求一个目的，那就是把士兵训练成百依百顺的"机器人"。

部队的纪律是建立在暴力基础之上的，虽然条令中没有规定

可以体罚士兵，但这种现象在现实中确实是司空见惯的。朱可夫指出，沙皇军队的显著特征是士兵与军官之间不存在任何和谐的关系，而是相互敌对的。

然而，在战争期间，尤其是在1916年到1917年年初，由于大批军官伤亡，不得不从受过一定学校教育的工人、知识分子和农民中挑选人员，补充军官队伍，这种状况才在营以下部队（包括营）得到一定程度的改善。

但是，将军和其他高级军官与普通士兵之间没有任何接触，对士兵的思想和生活一无所知，甚至和他们格格不入。此外，他们普遍缺乏战术知识。正因为如此，大多数的将领和高级军官在士兵中没有威望。

与此相反，许多低级军官，尤其是到了战争后期，与下属之间感情深厚。"这样的指挥官，"朱可夫说，"受到大家的爱戴和信赖，士兵们愿意追随他们去赴汤蹈火。"

朱可夫又说："旧军队的支柱就是那些军士，他们负责训练教导士兵，并且把他们凝聚到一起。我在军队中多年的实践经验证明，哪里的上级军官对军士缺乏信任，哪里的上级军官老是干预军士的工作，哪里就永远没有真正合格的军士，进而也就没有真正具有战斗力的部队。"

1916年8月上旬，团里下达了分配教导队毕业学员去增补骑兵连的命令。

有15人直接开赴前线,到第十骑兵师去。朱可夫是15人名单中的第二名。对这一点,朱可夫丝毫也没有感到奇怪,因为他很清楚这是谁干的。

当向全队宣读名单时,"四指半"就在一旁阴笑,他想叫人知道,在他手下的士兵们的命运都是由他决定的。

随后,队里为这些士兵们举行了会餐,然后就命令他们集合上车。

朱可夫和战友们背上背包,来到集合地点。几个小时以后,他们乘坐的列车就向哈尔科夫方向驶去了。

军旅生涯的新篇章

　　朱可夫他们乘坐的火车走得很慢，在小站一停就是几个小时。因为当时正有一个步兵师往前线开。从前线运回很多重伤兵的卫生列车也停了下来，为开往前线的列车让路。

　　朱可夫和战友们从伤员那里听到各种消息，说俄军的装备太差。高级指挥官们的名声很坏，在士兵们中间流传说，最高统帅部里有被德国人收买过去的叛徒。还听说士兵的伙食很差。从前线传来的消息让大家听了感到很难受，他们一声不吭地回到了自己的车厢，陷入了一阵郁闷的沉默中。

　　朱可夫他们这些士兵在卡缅涅茨—波多利斯克下车，同时下车的还有骑兵英格曼兰德第十团的补充兵员，以及朱可夫所在的龙骑兵诺夫哥罗德第十团的100多匹马及其全部装具。

　　在卸物资快结束时，突然响起了空袭警报，大家很快隐蔽好。敌人的一架侦察机，在他们所在地的上空盘旋了一阵，丢下了几个小炸弹以后，就向西面飞去了。一名士兵不幸被炸死，此外还炸伤了5匹马。这是朱可夫经受的第一次战斗的洗礼。

士兵们接下来很快就集结成了行军队形，开往德涅斯特河河岸。当时，他们所在的师担任西南前线的预备队，正驻扎在该地。他们刚一到达就得知罗马尼亚已经对德宣战，将站在俄国方面与德国人作战。还听说他们的部队很快就会被直接派往前线。

1916年9月初，朱可夫所在的师到达贝斯特里次山林地区集中。他们在这里与敌人遭遇了，也使得朱可夫在这里直接参加了战斗，但主要是采用徒步队形，因为地形条件不容许乘马冲击。

一路上士兵们听到的消息越来越令人惊慌：俄国军队伤亡惨重，进攻全线受阻，无法前进一步。罗马尼亚军队的日子也并不

▲1939年7月，朱可夫（右二）在哈拉哈河战斗期间与战友共商下一步军事行动

好过，由于仓促参战，准备不够充分，装备水平极差，因此在和德国人、奥地利人最初的几次战斗中损失惨重。

士兵们的怨恨情绪继续增长，尤其当他们接到家信，获悉家乡正在遭受严重的饥荒并且呈不断蔓延的趋势之后更是不满。事实上，他们在乌克兰、布科维纳和摩尔达维亚的前线村庄中亲眼目睹的情景，就已经清楚地说明了一切。

由于沙皇的轻举妄动，俄国的人民陷入了一场血雨腥风的战争之中。在沙皇的统治下，人民已经被逼入绝境，忍无可忍。由此，也让许多士兵感到，他们的流血牺牲没有丝毫意义。

1916年10月，朱可夫很不走运。当朱可夫和战友们一起组成前方侦察群，在赛耶一雷根接近地进行侦察时，他不慎踏上了地雷。有两人受重伤，朱可夫也被爆炸气浪从马上掀下来。他在医院里躺了一天一夜才苏醒过来，由于受到了严重震伤，他被送到了哈尔科夫医院。

出院后，在很长的一段时间里，朱可夫都感到很不舒服，主要是听觉不好。医务委员会把朱可夫调到拉格尔村的补充骑兵连。这里有他原来所在的骑兵新兵连的朋友们，从春天以来驻扎的地方。对于这样的安排，朱可夫感到很高兴。

从新兵连去教导队时，朱可夫还是一名新兵，而回来时则成为了一名军士，肩章上也多了几条军士衔的杠杠。因为有了实战经验，他的胸前还挂了两枚"圣乔治"十字勋章，一枚是因为在战斗中受伤获得的，另一枚则是因为俘虏一名德国军官而被授予的。

在这里，朱可夫通过和士兵们进行交谈，他知道士兵们对战争已经毫无兴致。现在，他们满脑子想的只有回家去种地，回到原来和平安宁的乡村中去生活。由此可见，他们想要的是土地与和平。

1916年底，在士兵中间关于彼得堡、莫斯科和其他城市工人罢工的消息越来越多。有人在谈论布尔什维克，说布尔什维克在为反对沙皇，争取和平、土地和劳动人民的自由而斗争。

士兵们也开始坚决要求停止战争了，他们要求给农民分田地。但是在当时，如果士兵参与到了传播这种"反动"言论，那他就会面临着被逮捕的危险，甚至会遭到更加严厉的处罚。

此时，朱可夫虽然是军士，但士兵们都很信任他，常和他进行严肃的交谈。当时，朱可夫对政治问题还不是很清楚，但他已经认识到战争只对富人有利，是为统治阶级进行的，而只有布尔什维克才能给俄罗斯人民以和平、土地和自由。

朱可夫认为自己的祖国迫切需要改变现状，他赞成革命党提出的用新政权取代旧政权，给俄国的劳苦大众创造和平安宁的幸福生活。

因此，朱可夫会在力所能及的范围内，向士兵灌输这种思想。从而，他常常会受到战士们的赞扬。

此时，政治斗争形势日益严峻。1917年2月中旬，彼得格勒的部分工人开始罢工，浪潮迅速波及临近城市，其势不可当。

2月26日，布尔什维克党决定发动总起义，成立临时政府。经过短暂的激战，布尔什维克党人获得了胜利，统治俄国三百多年的罗曼诺夫王朝终于被推翻了。

2月27日凌晨，朱可夫所在的骑兵连突然紧急集合。集合地点在骑兵连长、男爵冯·德·戈尔茨宿舍的附近。士兵们都不知道发生了什么事情。

朱可夫忍不住问排长基辅斯基："中尉先生，我们要开到哪里去？"

基辅斯基反问道："你觉得我们要去哪里？"朱可夫认为士兵们应当知道将要开往哪里，尤其是上级还给他们发了子弹。"

"子弹会派上用场的。"基辅斯基说。

队伍集合完毕后，连长冯·德·戈尔茨来了。这位骑兵大尉是一个能打仗的人，作战也非常勇敢，他得过许多战斗勋章。但是，戈尔茨在士兵的眼中却是一个很坏的人，他对士兵凶狠、残暴，因此大家都不喜欢他，甚至是怕他。

连长冯·德·戈尔茨简短地向全连发出口令后，骑兵连排成了三列纵队，向设在巴拉克列亚的第5预备骑兵团指挥部快速前进。

在到达团部教练场后，朱可夫看到龙骑兵和轻骑兵已经列成整齐的横队等候在那里了。他们每个人都笔直地站在队列中严阵以待，而其他的骑兵连也正在朝这里集结，谁也不知道发生了什么事。

但是，很快一切就都会明白了，街道的拐角处出现了一支手里举着红旗的游行队伍。只见骑兵连长扬鞭催马，其他几个骑兵连长也紧跟其后，向团指挥部疾驰而去。那里已经聚集了很多军官和工人。

一个身材高大的骑兵正在对士兵们大声地进行演讲。他说："俄国的工人阶级、士兵和农民不再承认沙皇尼古拉二世了，不再承认剥削阶级和地主富农。俄国人民不愿意继续进行流血的帝国主义战争，人民需要和平、土地和自由。"

骑兵在结束演讲时，高呼道："打倒沙皇！打倒战争！各国人民和平万岁！工人、士兵代表苏维埃万岁！乌拉！"

随即，四处都响起了"乌拉"的欢呼声，在没有人指挥的情况下，士兵们高喊着、欢呼着，加入到了游行队伍中。

不久，朱可夫得知冯·德·戈尔茨和其他几个军官已经被士兵委员会逮捕了。从此，这个士兵委员会也开始从地下转至地上，进行合法活动了。

这时，各部队又奉命返回了驻地，等待着士兵委员会的命令。团士兵委员会的负责人是布尔什维克的雅科夫列夫。第二天早晨，一位军官过来通知大家，要他们选举出出席团苏维埃的代

表和骑兵连士兵委员会的主席。大家一致推选朱可夫为骑兵连士兵委员会主席。

后来，基辅斯基中尉、朱可夫还有另一名士兵被选为骑兵连的代表，出席团苏维埃委员会。5月份，雅科夫列夫离开骑兵连后，社会革命党和孟什维克党在很大程度上取代了苏维埃，他们支持企图继续进行战争的临时政府。

1917年3月初，在巴拉克列亚城召开了团苏维埃代表大会。在会上，雅科夫列夫讲了苏维埃的任务和巩固士兵、工人、农民团结，为继续进行革命而斗争的重要性。

接着发言的是一个准尉。这个准尉开头讲得很漂亮，好像很拥护革命。可是后来就吹捧起临时政府来了，并且主张动员军队去抗击敌人。士兵们对他的发言表示不满。

到选举团苏维埃成员的时候，大家只选那些拥护布尔什维克立场的人。所以，朱可夫说："我们团的苏维埃是真正的布尔什维克的。"

朱可夫他们骑兵连的主要成分是莫斯科人和卡卢加人。连士兵委员会决定解散这个连，并给士兵们发了退伍证明书，并建议他们带上骑枪和子弹。后来听说，大部分士兵的武器都被哈尔科夫地区的反革命拦截队搜去了。

1917年11月30日，朱可夫回到了莫斯科。布尔什维克党人已经在十月革命期间夺取了政权。

1917年12月和1918年1月，朱可夫回到了家乡与父母团聚。经过短暂的休息后，朱可夫决定参加赤卫队。但是，在2月初，朱可夫患上了斑疹伤寒，到了4月份又再次发烧。直到半年后，朱可夫才终于如愿以偿地加入了红军莫斯科骑兵第一师第4团，从此也掀开了朱可夫军旅生涯的新篇章。

　　当时，新的苏维埃政府开始着手实施着一项艰巨的任务：决定遣散旧军队，组建一支由工人和农民组成的新军队。这支新型军队的指挥权将转交给士兵委员会。

　　在军队中的所有军人的权利是平等的，所有的指挥官，包括团级及团级以下的指挥官，均由全体军人大会选举产生。许多前沙皇军队的军官和士兵也投奔到了苏维埃一边，他们中的一些人在后来成长为了卓越的红军将领。

　　1918年1月，红军第一支部队正式组建成立了。根据当时的规定，每一个想参加红军的志愿者都必须出示由士兵委员会、党组织或者支持苏维埃政府的其他社会组织开具的介绍信。如果是整批志愿加入，出示一张集体证明即可。

　　红军战士每人每月可以领取50卢布的生活津贴。后来，从1918年中期开始，津贴有所增加，单身军人每人每月为150卢布，已婚的为250卢布。

　　朱可夫说，仅在1918年春天，红军的数量就壮大到了将近20万人，但是后来志愿参军的人员就慢慢减少了。这个时候，全俄

罗斯执行委员会又颁布了一条法令，决定在全国范围内实施全民军事训练计划。

规定每一个18至40岁的工人在不脱离生产的情况下必须学完96小时的军事训练课程，并登记注册为预备役兵员，一旦苏维埃政府发出号召就立即加入红军。

与此同时，布尔什维克党要求全体党员立即开始进行军事训练。同时，又废除了原来的指挥官选举制度，现在的指挥官是从那些毕业于军事院校或者战斗中表现突出的候选人中挑选任命的，选好后再报请军事当局进行批准。

第五届全俄罗斯苏维埃代表大会通过了一项关于红军建设的决议，决议中强调了军队集中统一的必要性和铁的纪律对于军队的重要性。决议实施后，效果非常显著。当朱可夫参加红军时，红军总数已经超过了50万人。

加入布尔什维克

1919年初，新组建的红军已经拥有了42个步兵师，其装备有步枪、"马克沁"重机枪、左轮手枪和手榴弹。骑兵部队共有4万人，1700门野战炮。

另外，红军还拥有装甲列车，每列列车由一台装甲机车、两个外面围有装甲防护板的炮塔和装甲车分队组成。新组建的空军拥有450架飞机，海军有2艘战列舰、2艘巡洋舰、24艘驱逐舰、6艘潜艇以及几十艘其他型号的舰艇，装备颇具精良。

但是，号称"俄国最高统治者"的白卫军首领高尔察克，此时也拥有了一支30万人的装备精良的部队。在米哈伊尔·伏龙芝接管了苏维埃红军南方军团的指挥权后，局势开始逐渐好转起来。

米哈伊尔·伏龙芝是苏联红军的统帅，也是军事理论家。他开创了将革命激情和现代化武装相结合的道路，他参与创建了红

军。1919年任第4集团军司令，东方面军司令，在他的指挥下击败了高尔察克。

朱可夫所在的莫斯科骑兵第三师，当时归伏龙芝指挥。在部队向希波沃车站开进时，得知恰帕耶夫师已经进抵乌拉尔斯克。战士们的情绪高昂，大家坚信乌拉尔的哥萨克白匪将被打败。

在通往希波沃车站的接近路上，朱可夫他们团与敌人进行了第一次交锋。白匪在数量上比红军多，敌人进行了顽强的抵抗，阵地也进行着反复的争夺。

伏龙芝说："对于我们来说，发动一次反攻不仅需要极为坚强的意志，还需要有坚定的信念，我们要坚信只有这样的反攻才能够扭转战局。那时，我们必须考虑如何去鼓舞我军低落的士气，同时还需要考虑来自上面最高指挥部的压力（最高指挥部倾向撤退）。最后，我们不顾一切，发起了反攻，一场辉煌的战役就这样打响了。"

大约800名哥萨克骑兵向红军冲来。当他们距离红军很近的时候，隐蔽在路堤后面的骑兵连携带一门大炮突然冲了出去。炮手们在疾驰中架好了炮，并对白匪的翼侧进行轰击。一时间，哥萨克白匪惊慌失措。炮手们准确的射击，使敌人遭受到了很大的损失。最后，白匪实在挺不住了，于是便向后窜逃。对哥萨克的这一仗打得很成功，骑兵战士们的士气更加高昂了。

朱可夫所在的师越战越勇，但向乌拉尔斯克推进的速度却很慢。就在这个时候，他们听到了鼓舞人心的消息：恰帕耶夫师打垮了白匪，进入乌拉尔斯克城，并与该城守军会合了。

在保卫乌拉尔斯克的战斗中，朱可夫见到了伏龙芝。当时他在亲自指挥着整个战役。

记得那一天，伏龙芝和古比雪夫一起到恰帕耶夫的第二十五师去。伏龙芝在经过朱可夫他们团时，与战士们亲切地聊着天，关心他们的情绪、给养和武器，并询问战士们村里的亲人来信说什么，战士们有什么要求。伏龙芝平易近人、和蔼可亲的态度，赢得了战士的心。

伏龙芝热情地向战士们谈了列宁的情况，还谈到列宁对乌拉尔斯克地区情况的关切。

然后，伏龙芝说："现在我们的情况不错，已经打

▲第4集团军司令伏龙芝

垮了乌拉尔的哥萨克白匪，很快我们就能打垮其余的反革命。我们将打垮高尔察克，解放乌拉尔、西伯利亚和其他被干涉军和白匪盘踞的地方。到了那个时候，我们将重建我们的祖国！"

后来，朱可夫和战友们也会常常回忆起这次会见时的动人情景。在1919年3月以前，朱可夫还属于党的同情者小组，准备加入布尔什维克。当时还没有确定入党预备期。直到晚年，朱可夫还怀着感激的心情，怀念当时的团党组织书记特罗菲莫夫和政委沃尔科夫，他们曾帮助他深入地理解党章和党纲，培养他加入俄共。

1919年3月1日，朱可夫加入了布尔什维克，这也是他政治生涯中关键的一年。朱可夫认为，那时没有什么比成为一名预备党员更加荣耀的了。朱可夫没有把入党当成一件马马虎虎的事情，他是非常严肃地在对待这件事情。朱可夫在后来回忆中说：

> 许多事情我都记不得了，但是我被吸收入党的这一天，我终生难忘。从此以后，我努力使自己的思想、愿望和行动服从于党员的义务。
>
> 而当投身于同祖国的敌人进行搏斗的事业中时，我作为一个共产党员，牢记我们党的要求，要成为无条件服务于人民的榜样。

不久，朱可夫所在师调离了希波沃车站地域，去消灭尼古拉耶夫斯克城附近的白匪。

1919年8月，骑兵第四团被调到弗拉基米罗夫卡车站。当时，朱可夫他们师没有卷入直接的军事行动，而是进行战斗训练。在这里，朱可夫结识了与自己同姓的师政委格奥尔吉·瓦西利耶维奇·朱可夫。

一天清晨，朱可夫经过露天练马场时，看见一个人在那儿"调教"马。走近一看，原来是师政委。虽然朱可夫对骑术和调教术都很在行，但仍想看看师政委是怎么调教马的。

当时，师政委没有注意到朱可夫，他正满身大汗地训练马左跑步。但不管他怎么使劲，马总是乱跑，不迈左脚，而是先踢出右脚。见此情景，朱可夫不禁喊了一声："把左面缰绳拉紧！"

师政委没说话，把马放慢步，然后向朱可夫走来。他跳下马，对朱可夫说："好吧，你试试！"

朱可夫二话没说，蹬着马镫子就上了马。他骑着马转了几圈，熟习了一下马的性子。然后，他扯紧缰绳，让马左跑步。跑了一圈，跑得很好，接着又跑了一圈，还是很好。于是又换成右跑步，也不错，再换成左跑步，马的步子一点也不乱。

"小腿要夹紧"，朱可夫带着训导的口吻说。

师政委笑了笑，问道："你骑马有几年工夫啦？"

"4年了，怎么啦？"朱可夫问。

"没什么，骑得不坏。"师政委夸奖着。

随后，两人便攀谈起来。政委问他，在哪儿当的兵，哪儿打过仗，什么时候调到这个师来的，什么时候入党的。他又谈到他

自己，他当骑兵10年了，从1917年就是党员。从旧军队他拉过来一个骑兵团的大部分加入了红军。

后来，朱可夫不只一次见到过政治委员格奥尔吉·瓦西利耶维奇·朱可夫，他同师政委谈到前线和国内的情况。

有一次，师政委建议朱可夫去搞政治工作。朱可夫感谢了他的好意，他说自己更愿意干军事工作。于是，政委建议朱可夫进红军指挥员训练班学习。朱可夫非常乐意去，但是未能实现。

这是因为他们驻地附近的扎拉普拉夫诺耶村被白匪突然占领了，这股白匪是从黑亚尔和察里津之间某地渡过伏尔加河过来的。于是战斗开始了。

在1919年9月间，在扎拉普拉夫诺耶和阿赫图巴之间的一次战斗中，当与卡尔梅克基白匪部队进行白刃战时，朱可夫被手榴弹炸伤了，弹片深深地嵌到他的左脚和左肋部，他随即被送进了医院。随后，朱可夫又被感染了斑疹伤寒，差一点死掉。从医院出来时，朱可夫的身体特别虚弱，于是部队给了他一个月的时间进行休养。

朱可夫回到了家乡与父母一起度过了假期。村里人的生活都很贫困，但是他们并没有失去信心。贫农已经联合起来，组成了贫农委员会，积极参加了向富农夺回粮食的行动中去。中农尽管看到前线很困难，仍越来越倾向于苏维埃政权，只有少数人对党和政府的措施抱有抵触的情绪，主要是一些经济地位接近富农的人。假期结束后，朱可夫到兵役局请求派他去作战部队。但因为他的体力还很弱，于是被派到特维尔一个后备营，准备派他到红军指挥员训练班去学习。

1920年1月，朱可夫被派到梁赞第一骑兵训练班。训练班位于梁赞省的斯塔罗日洛沃，在一座过去的地主庄园里。训练班学员主要是战斗中表现突出的骑兵。

在训练班期间，朱可夫被任命为第1骑兵连学员军士长，他的任务是指导学员如何使用随身武器，如长矛、马刀等，还要教学员进行白刃格斗以及进行队列训练和体育训练。

虽然大多数学员的文化水平并不高，有很多人几乎不识字，更不会写字，但是他们学习是非常努力的，应该给予充分的肯定和表扬。在这期间，学员们也充分认识到了，学习时间很短暂，要想成为一名称职的指挥官，还需要学习很多东西，来弥补自身的不足。

1920年7月中旬，学员们紧急登上了列车准备出发，谁也不知道将要去哪里。上级给每个人都发了装备和武器，并且装备和马具都是新的，学员们看起来一个个英姿勃发。

只见列车朝着莫斯科的方向行驶。在莫斯科，全体学员进驻了列弗尔托夫兵营。在莫斯科，朱可夫有不少的朋友和熟人。他真想在开赴前线之前去看看他们，特别是他日夜想念的女友玛丽亚。但是，很遗憾，朱可夫谁都没有见到。因为连长由于各种各

样的原因要经常外出，朱可夫作为军士长就被留了下来值班。

于是，朱可夫只能写信告诉他们。不知什么原因，朱可夫和女朋友玛丽亚之间出现了不和。不久他便得知，玛丽亚出嫁了。从此，朱可夫就再也没有见到过玛丽亚。

夏天时，红军人数已经超过了300万。协约国决定利用弗兰格尔男爵的部队对苏维埃俄国发动一次更为猛烈的进攻，当时这支部队刚刚在克里米亚半岛征募了一批新兵。此时，朱可夫所在的团就驻扎在克里米亚半岛东边濒临黑海的克拉斯诺达尔。弗兰格尔当时拥有一支13万人的军队，其中包括4500名骑兵。弗兰格尔梦想得到俄国南部库班地区众多的哥萨克富农的帮助。

1920年8月，朱可夫所在的学员混成团在莫斯科第二学员旅的编成内，集中到克拉斯诺达尔，然后由此出发去攻打白匪军。当时，库班哥萨克的大部分人已经明白，白卫军和受协约国补贴的"最高政府"将会带给他们什么。

红军的指挥员、政治委员和红军战士们，尽一切努力使库班人明白红军斗争的真正目的，使他们懂得必须尽快肃清一切反对苏维埃的匪帮。同时，红军对最贫苦的哥萨克人和红军战士家属进行了多方面的帮助。这一切都是非常重要的，因为在红军到来之前，白卫军经常抢夺他们的东西，哪怕是最后的一块面包也不放过，同时，还用尽了各种手段来侮辱他们。

朱可夫后来回忆说，有一天晚上，团政委到朱可夫他们连来，建议战士们劳动几天，为贫农和红军战士家属修理房舍和农具。战士们非常愉快地同意了。

团政委克雷洛夫担负了清理公用水井的工作，因为白卫军在水井里填满了垃圾。这个水井非常深，当克雷洛夫下到井底时，憋得透不过气来。当把政委拉上来时，他差一点快憋死了。

可是，克雷洛夫休息了一会儿后，就命令我们再把他放到井底。过一段时间，又把他拉上来。就这样，他一直继续到把井清理干净为止。到了晚上，全村都在谈论着政委的英勇行为。

当工作全部结束后，哥萨克人邀请战士们参加友好的欢宴。吃饭时，红军和村里人谈了许多知心话，他们非常感谢红军对他们的帮助。朱可夫还清楚地记得当时发生了一段有趣的小插曲：

> 一组学员奉命去为一个哥萨克寡妇修缮马厩和马具。他们"出色"地完成了任务，最后却发现帮助的却是一个富农，原来她们同名。听到这件事，每个人都哈哈大笑，可是那些"肇事者"心里却很沮丧。

在红军这个大家庭里，朱可夫深深地感受到与红军首长和战友们的深厚感情。从此，朱可夫把自己的全部热情，都投入到了革命的事业中。

身先士卒英勇剿匪

1920年8月，朱可夫所在的学员混成团，起初被派去攻打弗兰格尔的乌拉卡伊将军的登陆队，后来又去攻打乌鲁普斯卡亚镇、别斯科尔勃纳亚镇和奥特拉德纳亚镇的弗斯基科夫和克雷扎诺夫匪徒。这群匪徒很快就被消灭了。

残余的匪徒在孟什维克格鲁吉亚政府的掩护下逃跑了，而弗斯基科夫则逃往克里木，投奔弗兰格尔。

朱可夫他们没能参加在克里木最后歼灭弗兰格尔军队的战役，因为训练最好的学员提前毕业，去补充与弗兰格尔部队的战斗中有大量指挥人员伤亡的骑兵部队。

剩下的学员受命追击逃往高加索山里的匪徒。不久，朱可夫他们得知，学员团在达吉斯坦山里的某个地方遭到了敌人的伏击，损失很大。

许多指挥员和战士们受到了匪徒残酷的折磨。学员们非常敬爱的团政委克雷洛夫不幸牺牲了。

毕业的大部分学员被分配到了第十四独立骑兵旅，当时该旅驻扎在新热列利耶夫斯卡亚镇附近，负责继续肃清芦苇地带的乌拉卡伊匪徒和当地匪徒的残部。

朱可夫和另外三个战友一同被派到了第一骑兵团。这个团是由一位顿河哥萨克的老战士、人称勇士和侠客的安德烈耶夫指挥。

朱可夫一行四人来到了团部报到，递交了他们的任命书。然后团长接见了他们，团长看了一眼他们的红色马裤，不以为然地说道："我的战士可不喜欢穿红色马裤的指挥员。"

但是，朱可夫表示，对于这件事情他们也是无能为力的，因为条令上规定军事学员只能穿这种款式的马裤，而且他们也没有其他款式的马裤可以进行替换。

这位团长还是不放心地说："我们的战士们都是有经验的老兵，他们可不赏识没经受过炮火考验的人。"

在这种不客气但又激励人心的开场白之后，团长又询问了朱可夫和他的战友：他们叫什么名字，是从哪里来的，是不是党员，有没有参加过战斗等等一系列的问题。在了解到这四个人并非新手，并且其中还有两个参加过第一次世界大战之后，团长才放心了一些。

随后，朱可夫他们来到了连里，连长叫维什涅夫斯基。他不

耐烦地命令道:"你,朱可夫,去接替阿加波夫的第二排。而乌哈奇·奥戈罗维奇去指挥第四排。"

朱可夫找到了第二排,见到了暂时代理排长职务的阿加波夫。他是一个年纪较大的人,过去是旧军队的骑兵战士,曾参加过第一次世界大战。

第一次接触,朱可夫就很喜欢这个朴实、善良的老战士。

阿加波夫详细地给朱可夫介绍了每个战士的情况,对他的这番介绍,朱可夫非常感激。然后,朱可夫命令全排排成乘马队形集合,以便彼此认识一下。

在向全排人员问好后,朱可夫说道:"同志们,我被任命为你们的排长。我是好排长还是赖排长,你们是好战士还是赖战士,咱们将来走着瞧吧。而现在,我想看看你们的马、战斗装具,和每个人认识一下。"

在朱可夫查看的时候,有几个战士故意盯着他的红色马裤看。

朱可夫发现后,对他们说:"团长安德烈耶夫已经给我打过招呼了,说你们不喜欢红色马裤。可我呢,你

◀朱可夫在作战室

们知道吗，没有其他裤子。苏维埃政权发给我什么，我就穿什么，我觉得这是我的荣耀。至于红色，大家都知道，它是革命的颜色，它象征着劳动人民为争取自由和独立而进行的斗争。"

第二天，朱可夫把全排召集到他的房间里，请每一个战士谈谈自己的情况。但是，他的想法却没有得到很好地实现。

机枪手卡西亚诺夫首先打开僵局，说道："有什么可谈的呀？在全排名册上都写着呢，我们是从哪儿来的，还有我们的出身等。"

于是，朱可夫只好把自己所知道的与波兰白匪、弗兰格尔在托里达北部作战的情景讲给他们听。战士们聚精会神地听着，他们急于想知道协约国部队是否还会卷土重来。朱可夫对战士们说："协约国的政府肯定想派他们的军队再来，但是他们的人民和士兵却不想再和我们打仗了。"

几天以后，在肃清滨海地域残匪的战役中，朱可夫有机会身先士卒，率领全排投入战斗。结果，朱可夫一方获胜。匪徒被歼灭，还有一部分成了俘虏。最重要的是在这次战斗中，全排没有遭受到任何的损失。

在这次战斗以后，战士中再也没有人谈论朱可夫的红色马裤了。不久，朱可夫被任命为第一骑兵团第二连连长。

1920年12月末，朱可夫所在旅全部调往沃罗涅日省，肃清富农暴动和科列斯尼科夫匪徒。

这伙匪徒很快就被粉碎了，其残部逃往坦波夫省，与安东诺夫的富农——社会革命党人匪徒会合。

1920年12月，苏维埃政府建立了坦波夫省剿匪司令部。但是，由于坦波夫省军事指挥部缺乏组织能力和果断性，没有肃清安东诺夫匪徒。

1921年4月初，疯狂的安东诺夫亲自出马，袭击了红军部分守备部队。

当时，安东诺夫匪徒的一支5000人的队伍，袭击了守卫拉斯卡佐沃的守备部队。

不久，图哈切夫斯基被任命为司令，指挥与安东诺夫匪帮作战的部队。

朱可夫第一次见到图哈切夫斯基，是在他到独立骑兵第十四旅来的时候，在坦波夫希纳的热尔迭夫卡车站上。当图哈切夫斯基与旅长谈话时，朱可夫也在场。

从图哈切夫斯基的谈话中，朱可夫看出他具有指挥大规模战役丰富的知识和经验。

在讨论了骑兵第十四旅当前的行动后，图哈切夫斯基又和战士、指挥员谈话。

他对于谁在哪儿打过仗，部队和居民的情绪如何，在当地居民中做过哪些有益的工作等，都十分关心。

在图哈切夫斯基离开之前，他对战士们说："列宁认为，必须尽快肃清富农的叛乱和他们的叛匪武装。你们肩负重大的任务。应当尽一切可能，尽量快、尽量好地完成任务。"

当时，朱可夫怎么也没想到，几年以后他会在国防人民委员部里讨论苏军战术理论原则时，见到图哈切夫斯基。

自从任命了图哈切夫斯基之后，与匪徒的斗争就有了周密的计划。

1921年春天，在距热尔迭夫卡镇不远的维亚佐瓦亚·波奇塔村附近的一次战斗，给朱可夫留下了深刻的印象。

那天早上，在旅编成内行动的朱可夫所在团接到了战斗警报，根据侦察的报告得知，在距村10公里至15公里，发现有3000名安东诺夫骑兵。

朱可夫他们骑兵第一团离开维亚佐瓦亚·波奇塔村，在左侧成纵队前进，而在右面相距四公里至五公里行进的是第二团。

朱可夫受命带领配有四挺重机枪和一门火炮的全连战士，作为前队沿大路前进。

走了不到5公里，朱可夫他们就与大约250人的安东诺夫骑兵相遇了。

尽管敌人数量比他们多，但是战士们毫不畏惧。他们全连展开，并把火炮、机枪的火力对准敌人，向敌人猛冲过去。安东诺夫匪徒经受不住红军战士迅猛的突击，不断向后败退。

在白刃战中，一个安东诺夫匪徒从侧面射倒了朱可夫的马。

马摔倒时压在了他的身上。如果不是政治指导员诺切夫卡及时赶来援救，他一定会被砍死。

诺切夫卡挥动马刀狠狠一下，就把那个匪兵砍落马下，并顺势抓住他的马缰绳，把朱可夫拉上了马。

不久，朱可夫他们发现，敌人一队骑兵企图迂回该连翼侧。战士们立即展开全部火器射击这股敌人，并派人将此情况报告团长。30分钟后，朱可夫所在团的战士们奋力前进，并投入了战斗。

因为在数量上敌人占优势，所以红军被迫后退。敌人利用这一机会进攻该团翼侧。

团长决定撤回维亚佐瓦亚·波奇塔村，将敌人诱至对其不利的地形。朱可夫受命掩护全团退出战斗。

安东诺夫匪军发现红军这一行动后，便立即尽全力向作为团的后卫的朱可夫连猛扑过来。

敌人见朱可夫他们人数少，以为可以消灭他们。但是要做到这点并不容易，因为连里有四挺重机枪，弹药充足，而且还有一门火炮。

战士们不断地变换着机枪和火炮的位置，对敌战斗队伍展开了近乎是抵近射击。

只见战场上铺满了敌人的尸体，而红军战士则一边战斗，一面慢慢地向后退却，但红军的人马也越来越少了。

朱可夫亲眼看到战友乌哈奇·奥戈罗维奇排长重伤后，从马上跌落了下来。乌哈奇·奥戈罗维奇受是一名出色的指挥官，他从小就受到了良好的家庭教育。

乌哈奇·奥戈罗维奇的父亲曾是沙皇军队的一名陆军上校，从苏维埃政府成立之初就转变到新政权方面来了，他也成为了我们梁赞军官训练班的一名主要教员。

就在乌哈奇·奥戈罗维奇快要失去知觉时，他喃喃地对朱可夫说："写信告诉我妈妈。你们别把我留给那些匪徒们。"

朱可夫和战士们把乌哈奇·奥戈罗维奇和所有伤亡的人一起，装在拉机枪的爬犁的炮架上带走了，不让凶恶的匪徒糟蹋同志们。

朱可夫所在团未能按原计划实施反冲击，因为要实施反冲击就必须渡河，而河面上的冰薄使之无法涉渡。于是，他们不得不绕远道行走，继续后撤。红军不得不一直退到维亚佐瓦亚·波奇塔。

他们到了一个村子里，朱可夫为了抢救一挺机枪，他又冲入了敌群。一发步枪子弹打死了他的马匹。朱可夫只得用手枪击退向他逼近企图活捉他的匪徒。

在这危急关头，又是政治指导员诺切夫卡带着战士勃雷克辛、戈尔什科夫和科瓦廖夫冲过来救了他。

在当天的战斗中，朱可夫的连队有10人牺牲，15人受伤。

其中有3名伤员在第二天的时候也牺牲了，这其中就包括他的朋友、亲密战友乌哈奇·奥戈罗维奇。

朱可夫说："那是最艰难的一天，我们为失去这些战友感到无比悲痛。唯一能够减轻这种痛苦的是，我们获悉这股强大的匪军已经被消灭。"

在这次战役结束后，大多数指战员们由于作出了卓越贡献，获得了政府奖励。作战英勇的朱可夫也获得了一枚"红旗勋章"。

1922年8月31日，共和国革命军事委员会发布第183号命令：

1921年3月5日，在坦波夫省维亚佐瓦亚·波奇塔村附近的战斗中，独立骑兵旅骑兵第一团第二连连长不顾敌人1500名至2000名骑兵的冲击，率领全连进行了7小时的战斗，阻止了敌人的猛攻，随后转入反冲击，经6次白刃格斗，击溃了匪徒。为此，授予他红旗勋章。

1921年夏末，红军对逃散在坦波夫希纳的小股残匪进行了最后的清剿。朱可夫连的任务是消灭为数约150名骑兵的兹韦列夫残匪。

不久，红军很快就发现了残匪，于是开始追击。匪徒们逐渐精疲力竭。在靠近森林的地方，朱可夫连赶上了他们，并向他们发起冲击。

经过一个小时的战斗，匪徒几乎全部被歼。然而，以兹韦列夫为首的5名残匪终于逃掉了，他们趁黄昏躲进了森林。但他们已毫无出路，因为坦波夫希纳的安东诺夫匪徒已全部被歼灭了。

在追赶残匪的路上，朱可夫他们意外地碰到两辆装甲车，它们从附近的村子突然冲了出来。

红军知道，匪徒是没有装甲车的，所以他们没有向装甲车开火。但是，装甲车在占领有利地形后。却把机枪对准了朱可夫他们。这可真是出人意料！

于是，朱可夫赶忙派人去联系。一问才知道，原来是自己人，在前面一辆装甲车里还坐着乌博列维奇。原来，当乌博列维奇得知残匪向森林方向逃窜时，他决定在半路上拦截他们。幸好及时搞清状况，否则真会发生一场悲剧了。

朱可夫就是在这种情况下，第一次见到乌博列维奇的。后来，在1932年至1937年间，朱可夫经常见到他。

那时，乌博列维奇是白俄罗斯军区司令员，而朱可夫则已是该军区的一个骑兵师师长了。

带领全团参加演习

1922年6月至1923年3月，朱可夫担任骑兵第三十八团一个连的连长，后来任萨马拉骑兵第七师骑兵第四十团的副团长。

朱可夫后来回忆说：

> 这些团的领导都是一些有经验的指挥员，我从他们那里学到许多东西。团的指挥人员、党组织和政治机关组成为一个很好的很有工作能力的集体。

当时，红军都分散在村子里，住的是农民的小屋，做饭是行军灶，马匹拴在院子里。

部队的领导干部大多是年轻力壮、意志坚强的人，而且大多数是单身汉，所以除了工作以外没有什么牵挂。朱可夫和战友们一起，兴致勃勃地工作，每天工作15小时至16小时。但要把所有的事情都安排好，大家仍感到时间不够。

1923年春天，朱可夫接到师司令部的电话通知，说师长卡希林要见他。朱可夫多少感到有点紧张，以为自己出了什么错。

见到师长后，他热情地接待了朱可夫，还请他喝茶，并长时间地询问他们团的战斗和战术训练情况。

后来，卡希林突然问朱可夫："你看，我们对骑兵的训练是否符合未来战争的需要？对未来战争你是怎么看的？"

这个问题在朱可夫看来有些复杂。他的脸一下子就红了，一时间回答不上来。师长看出他有些慌张，于是就耐心地等朱可夫镇静下来。

朱可夫回答说："为了按现代要求来训练部队，我们指挥员还很缺乏必要的知识和技能。我们现在是按在旧军队所学的来教部属的，为了能很好地训练部队，必须用现代军事知识武装领导干部。"

"这是对的"，师长同意地说，"我们尽力做到我们的指挥员能进军事政治院校和训练班。但这是一个比较长的过程，而我们的学校又很少，所以指挥员首先得自学"。

师长在房内走了几步，然后突然向朱可夫宣布，任命他为布祖卢克骑兵第三十九团团长。随后，师长说道："我对你不十分了解，但和我谈过的一些同志推荐你担任这个职务。如果没有反对意见，请你去司令部看批件，任命的命令已经签署了。"

同师长分手后，朱可夫的心情十分激动。他知道，指挥一个团始终被认为是掌握军事学的最重要的环节。

1923年5月底，朱可夫接任团长时，该团正准备出去进行野营训练。这是国内战争以后，红军骑兵部队第一次进行野营训练，许多指挥员对于新条件下的工作还缺乏明确的认识。

朱可夫在刚接任团长时，发现部队在战斗准备方面存在着缺陷，部队的射击训练和战术训练特别差。因此，朱可夫要各分队特别注意野营的训练设备和器材的准备工作。

▲朱可夫与苏军士兵在一起

6月初，营地基本上准备好了。团得到了一座构筑良好的帐篷营房区，还有夏季食堂和俱乐部。营地还构筑有马棚和训马场，以及进行各种武器射击训练的射击场。紧张的军事训练和政治教育开始了，各骑兵连长和政治指导员都积极地工作着。

仲夏时节，国内战争时期的英雄加伊，担任了朱可夫他们师的师长。

朱可夫和加伊师长第一次见面，是在师长的野营帐篷里。当时，加伊召集各团团长和政治委员开会。进门报告以后，加伊让与会人员围着他的工作桌坐下来。

会议进行了很长时间。当朱可夫与加伊师长告别时，加伊对他说："几天以后，我想看看你们团的乘马队列演习和战术演习。"

对于自己的团能受到首长的重视，朱可夫感到十分的荣幸。不过，朱可夫坦言承认自己的团里还有许多缺点。

"让我们共同来克服这些缺点"，加伊微笑着说，"你很要强，这很好"。

3天以后，根据师司令部的指示，朱可夫带领全团参与检阅。只见加伊师长骑着一匹全身乌黑，两腿是白色的马，登上了小山冈，注意观看着团的演习。他的那匹马性情暴烈，但是加伊师长用他有力的手和紧夹马肚的小腿，使它乖乖地听从指挥。

对演习的指挥起初用口令，后来用马刀，即所谓"无声演习"，再后来用号音，变换队形、行进、转弯、变换方向、立定、看齐等动作，部队做得比估计的要准确得多。最后，全团展开成散兵线，向敌人冲锋进行包围。

朱可夫在战斗队形的中央，率领全团向师长所在的高地冲去。到达高地后，全团向中央靠拢看齐。朱可夫走近师长，准备报告演习结束。

但是，还没有等朱可夫开始报告，师长就高高地举起双手，并喊道："我投降，投降，投降！"然后他走近朱可夫，热情地说道，"谢谢，非常感谢！"

加伊师长走到队伍的中央，站在马镫子上，向战士们说道："我是一个老骑兵，很熟悉骑兵的战斗训练。今天你们的行动说明，你们认真地、竭尽全力地尽到了红军战士对祖国的职责。作为红军战士，就应该这样。具有优良的战斗训练，正确认识对人民的职责，这是我们英雄红军不可战胜的保证。谢谢你们，今天你们使我非常高兴。"

加伊师长转向朱可夫，和他握手，并微笑地对他说："演习的第二部分下次再看。让同志们休息吧，我和你去看看野营的设备。"

师长在野营地转了两个多小时，他不放过任何一个细节。然后，他和战士们进行座谈。加伊师长谈了许多国内战争中的战斗故事，直至值班号兵吹了吃饭号，他才站起来和战士们告别。

1923年9月末，朱可夫所在的萨马拉骑兵第七师，开赴奥尔沙地域参加军区的演习。这也是国内战争结束后的首次演习。演习的规模不是很大，而且是各部队从野营返回时顺路实施的。但是，朱可夫他们师肩负了相当艰巨的任务，部队必须强行军进入奥尔沙地域。师长指定朱可夫指挥的团担任师主力的前卫。这就是说，他们团不仅必须在短时间内完成长距离行军，而且必须执行行军警戒的任务，经常做好准备，以便能迅速展开与"敌人""战斗"，并应为师主力投入"战斗"创造最有利的条件。

部队进行了30个小时的行军，走了近100公里，休息两次，每次5小时。这对马匹的耐力也是一次严峻的考验。而骑兵战士在休息期间，还需要喂马、饮马和整理鞍具、装具。尽管十分疲劳，但是大家的情绪很高涨。因为大家都知道，演习之后，骑兵第七师将进驻明斯克。

图哈切夫斯基观看了"战斗"的全过程，他还特别赞扬了骑兵第七师的强行军和勇猛的冲锋。步兵部队则因在翼侧受骑兵第七师部队的攻击时，能迅速展开而受到称赞。

朱可夫和所有指战员因受到图哈切夫斯基的赞扬，而感到十分的高兴。同时，他们也对演习中的"敌人"因出色的机动而受到嘉奖感到高兴。

两入"深造班"学习

朱可夫是在26岁时，当上骑兵团长的。当时，他觉得自己在实际工作方面比在理论问题上强，因为早在第一次世界大战时，他就受过不错的训练。

但是在理论方面，朱可夫很清楚自己落后于他作为团长的要求。经过认真的思考后，他得出结论：必须抓紧时间顽强学习。可是，团的工作，他事事都得管，一天必须花上12个小时。那么，要想加强军事理论素养，办法只有一个：在每天的工作日程上再加上3至4个小时自学。

至于睡觉和休息，朱可夫说："那没有关系，可以在获得知识后再休息。"

1924年，苏联开始改组红军，以加强战斗力。以伏龙芝为首的红军总参谋部，真正成为红军的首脑机关。

1924年7月底，加伊师长召见朱可夫，问他在充实自己知识方面做了些什么。

朱可夫回答说："我读了许多书，并且分析了一些第一次世界大战的战例。另外，我还准备了不少材料给团的指挥干部上课。"

加伊师长说："这一切都不错，都值得赞扬，但还不够。军事在不断发展，我们的指挥员需要比较系统地学习一些军事问题。我认为，今年秋天你应当到列宁格勒高等骑兵学校学习。这对于你将来的事业大有益处。"

朱可夫表示感谢，并表示要尽一切努力，绝不辜负师长对他的信任。回到团里后，朱可夫抓紧一切时间学习教材、条令、教令，并着手准备入学考试。入学考试很容易，朱可夫名列前茅。

当时，一起入校学习的还有罗科索夫斯基、萨韦利耶夫、巴格拉米扬、廖缅科和其他许多团长。朱可夫和其他学员一样，也是第一次到列宁格勒。他们怀着浓厚的兴趣参观了该城的名胜古迹，走遍了十月革命时作过战的地方。

当时，朱可夫怎么也没有想到，在17年后，他会指挥列宁格勒方面军，抗击法西斯军队，保卫列宁格勒。

朱可夫他们入学后不久，高等骑兵学校就改名为骑兵指挥员深造班，学习期限从两年缩短为一年。当时，学员们的课程相当繁重，上完课以后，还必须进行长时间的自修。对此，朱可夫在回忆录中这样写道：

当上了年纪的时候，回想当时学习军事知识的那种坚韧不拔、狂热执著的劲头，真是有些吃惊。

在学习期间，有一次军事科学学会让朱可夫做一个题为《影响军事学术理论的基本因素》的报告。

当时，朱可夫简直不知道该如何论述这个问题，不知道如何开始，如何结束。后来，朱可夫在同志的帮助下，完成了他的第一篇军事学术报告。这个报告后来登载在为骑兵指挥员深造班学员所办的刊物上。

在学习之余，深造班还经常举行骑马竞赛。在这种场合，总有许多列宁格勒人来观看。朱可夫他们的特技骑乘、障碍跳跃、砍劈，以及夏季赛马、障碍赛跑，特别受大家的欢迎。

这些竞赛每回必到的有罗科索夫斯基、萨韦利耶夫、巴格拉米扬和朱可夫以及深造班的其他学员。

在秋季和冬季，学员们主要学习军事理论和政治课。他们常常通过沙盘作业和图上作业学习理论。另外，还用不少时间学习骑术和调教术，这是部队指挥员必须熟练掌握的。对于使用马刀和击剑术的练习也很重视，这个科目是利用课余时间作为文体活动来进行的。

1925年夏季，学员们大部分时间是在深造班主任巴托尔斯基

的直接领导下，进行野外战术训练。通过这段训练，巴托尔斯基
传给朱可夫他们许多知识和经验。

在骑兵指挥员深造班结束时，进行了一次向沃尔霍夫河的强
行军。在沃尔霍夫河，朱可夫他们学习了携马泅渡和强渡江河。
携马泅渡是一个相当困难的课目，因为不仅要能熟练地着装游
泳，而且还必须学会控制游泳的马，在骑兵训练中很重视掌握这
套技术。

在沃尔霍夫河训练时，还发生了一件有趣的事。当时作业已
经结束了，朱可夫的同学骑兵第四十二团团长米哈伊尔·萨韦利
耶夫，想显示一下自己高明的骑术。他提议，让他表演一次不湿

▲朱可夫（右）和苏联军官在一起

衣服和装具站在马背上渡河的技术。

领导同意了他的建议，但是命令准备两条急救船以防万一。萨韦利耶夫把马镫子搭在马鞍上，勇敢地骑上马向河里走去。马越过浅滩，向深水游去。萨韦利耶夫紧握缰绳，很有把握地站在马鞍子上。

一开始时还比较顺利，但是到了河中间的时候，马显然是疲乏了，开始烦躁起来。

萨韦利耶夫竭尽全力也无法保持平衡，随后便一头栽进水里，落入水中了。幸好准备了急救的船只，否则就麻烦了。马最后单独游上了岸。

不久，载着萨韦利耶夫的船也靠了岸，萨韦利耶夫像个落汤鸡一样。大家禁不住都哈哈大笑，拿他取笑，可是他因渡河失败，一点儿也笑不出来了。

而且，掉进水里时他还把靴子弄丢了。在渡河时，靴子是挂在他脖子上的。这样一来，他只得穿着袜子走回了营房。

在深造班结业后，朱可夫和萨韦利耶夫、阿斯特拉罕第三十七团的一个连长雷巴尔金决定，不乘火车而骑马返回明斯克的工作地点，路程为963公里的田野道路。他们计划的行进路线要经过维捷布斯克、奥尔沙和鲍里索夫。

朱可夫他们把计划呈送骑兵指挥员深造班领导，获得批准，但是沿途不能为他们组织检查站、保养和膳食。朱可夫他们坚持不放弃原定决心，尽管他们事先清楚会碰到很多困难，特别是寒冷多雨的秋天已经到来。

963公里的路程，朱可夫他们计划走7昼夜。他们这次试验的主要目的，就是想检验一下他们所受的训练是否足以进行远距离的乘骑强行军。

1925年早秋的一个早上，朋友们和深造班领导人的代表，聚集在列宁格勒郊区的莫斯科门，欢送他们启程。

上路以后，朱可夫他们决定不断变化速度，有时慢步，有时快步，偶尔跑步。

第一天，他们比计划的行程少走了10公里，因为马匹都很疲乏，特别是朱可夫的那匹纯种的牝马"季拉"跛了，它已经12岁，有些老了。

大家都很累，迫切需要休息。沿途的农民热情地欢迎他们，帮他们喂马，也让这些军官们饱餐了一顿。

第二天一早，朱可夫的马情况依然不妙，马还是跛的。朱可夫在马蹄扎破的洞里滴进蜡，然后用绷带把蹄子缠上，他决定牵着马走。不久马就不跛了，朱可夫骑上去一试，不跛了，快步走也不跛。为了减轻马受伤的右脚的负担，他决定只用慢步走或左跑步。

其他人骑的是健康的马，当然要轻松得多，而朱可夫常常得下来，牵着马走很长的一段距离，体力消耗比较大。不过，同伴

们在休息的地方负责找饲料、照管马匹。

第七天，朱可夫他们已远远地走过了鲍里索夫，到达明斯克附近。在明斯克郊区，朱可夫他们发现聚集了许多人，手举红旗和标语。原来这是朱可夫他们团的一些战友和当地居民赶来欢迎他们的。他们两脚一夹，用跑步驰向看台，向卫戍司令和市苏维埃主席报告，他们已顺利完成远距离骑乘。大家报以热烈的掌声和欢呼。

两天以后，朱可夫他们进行了考核性的两公里障碍赛马、体检和过秤，结果良好，他们这次乘骑获得良好的评价。经过7天乘骑，马匹减重8公斤至12公斤，人员减重5公斤至6公斤。

朱可夫和其他军官因此获得了政府的奖金和首长的嘉奖，并准许短期休假。在得到短期的休假后，朱可夫动身回乡，去看望妈妈和姐姐。此时，朱可夫的父亲已经去世了。

朱可夫发现，妈妈在他不在身边的这些年月里，显得苍老了许多，但她还像从前一样辛勤地劳动。姐姐玛莎已经有两个孩子了，她看上去也显得老多了。

在农村，朱可夫了解到，农民们很穷，老百姓衣衫破烂。牲畜数量大为减少，有许多人家在歉收的1921年以后，一头牲口也没有剩下。但是，令人惊讶的是，除极个别人外，没有人抱怨，人民都能理解战后的困难。

休假结束后回到师里，朱可夫发现编制有所改变，师下辖

4个团，而不是以前的6个团。原来他指挥的布祖卢克骑兵第三十九团已合并到第四十团，而原骑兵第四十一团和第四十二团合编为新的梅列克斯—普加切夫骑兵第三十九团。

1926年初，朱可夫被任命为布祖卢克新编骑兵第三十九团的团长。在从骑兵指挥员深造班毕业回来以后，朱可夫觉得工作胜任多了，对于处理军政训练和团的指挥方面的问题，他感到很有信心，能应付自如了。

1926年冬，骑兵第三军政治委员克罗赫马尔和军长铁木辛哥召见朱可夫。

走进办公室后后，朱可夫发现师长斯捷普诺伊·斯皮扎尔内伊，师政治委员什捷尔恩和政治处主任博恰罗夫也在这里。

铁木辛哥说："我们叫你来，是想让你除担任团长职务外，同时兼任团政治委员的职务，也就是成为团的单一首长。师的领导和政治部都认为你有条件担任。你有什么意见？"

朱可夫沉默了一会儿，说道："在师首长和政治处的大力帮助下，我希望能胜任新的职务。"几天以后，朱可夫被任命为团的单一首长。在骑兵第七师这是第一次类似的尝试，责任重大。

1926年夏季，朱可夫所在师出去野营。地点是在距明斯克约20千米的日丹诺维奇地区。野营时期，进行了紧张的军事训练，主要着重在分队、指挥人员、司令部和整个部队的野外战术训练。在所有的军事课目中，朱可夫最喜欢战术，他常常怀着特别

喜爱的心情去钻研它。

为了提高战术素养，朱可夫团进行了许多次示范作业和示教作业。指挥员通过这些作业，学习侦察、组织战斗和与其他技术兵器协同的技能。

1927年春天的一个早上，师长施密特给朱可夫打来电话说："布琼尼可能去你们团，你们准备欢迎。"

"什么时候来，我们应当怎样欢迎？"朱可夫问道。

"我说不出确切的时间。他先到第三十七团，然后去三十八团，再就是你们三十九团。至于如何欢迎，这由你决定，你是团长嘛！"

朱可夫知道，师长不主张举行什么特别隆重的仪式，应按条令规定的迎接上级首长的仪式来迎接。

中午，第三十八团团长加伊杜科夫给朱可夫打来电话说："准备迎接客人，他们到你那儿去了。"

朱可夫立即召集政治副团长弗罗尔科夫、团党组织书记谢拉科夫斯基、团军需主任马雷舍夫等几位主要助手，并一起到司令部门口等候。

五分钟以后，两辆小汽车开到了军营门口。只见布琼尼和铁木辛哥从第一辆车里走出来。按条令规定，朱可夫向布琼尼作了报告，并向他介绍了自己的助手。布琼尼一一向他们问好。

朱可夫请示布琼尼说："首长有什么指示？"

"你说呢？"他反问道。

"首长看看我们战士和指挥员是怎么生活和工作的吧。"朱可夫说。

"好吧，不过我想先看看战士的伙食。"布琼尼说。

在食堂和厨房，布琼尼仔细地了解了食物的质量和制作，在食堂的留言簿上写下了嘉奖炊事员和团给养主任的话。然后，又检查了部队军事训练的情况。

接着，布琼尼说道："怎么样，现在看看你们的马匹吧。"

朱可夫随即发出了全团"接受检查"的信号。10分钟后，各连都站好队，开始检查马匹。布琼尼夸奖了战士们马匹保养得很好，然后就到琼加尔第六师去了。

不久，白俄罗斯军区司令员叶戈罗夫，也来到了朱可夫团视察。叶戈罗夫到团里来视察，朱可夫他们事先并未得到通知。当得到报告说司令员来了时，朱可夫正在进行例行的战术作业。

叶戈罗夫想看看他们的作业情况。当时，部队作业的题目是《骑兵团隐蔽地前出到敌人翼侧和后方，并猛烈冲击敌人》。

一切进行的很顺利，分队指挥员定下了大胆主动的决心。司令员很高兴，说了不少有趣的话，缓和了所有在座人员的紧张情绪。

在朱可夫进行总结之后，叶戈罗夫提了几点意见和希望。朱可夫特别记得他提出的一点，叶戈罗夫认为，仅仅让指挥员学习

战术是很不够的，他们还必须学习战役学。必须考虑到，祖国的敌人一旦挑起战争，就要求我们许多指挥员有战役学方面的知识。

在作业结束后，司令员问朱可夫："你们团的动员计划搞得怎么样？"

朱可夫回答："我们下了很大功夫制订团的动员计划，不过我们提出了一些问题，上级还没有回答。"

叶戈罗夫说："让我看看你们的动员计划和你们提出的问题。"于是，朱可夫和团参谋长大约用了一个小时的时间，汇报了他们拟制动员计划的情况，并回答了司令员提出的问题。

然后，叶戈罗夫说道："不错，很不错，你们还有什么不清楚的地方？"

朱可夫说："我们离国境线很近，这使我们的处境很复杂。发出警报后，我们不得不在人员缺额很大的情况下开赴战场。此外，团还必须从现有人员中派出骨干去编组第二梯队。在缺额很大的情况下，与敌人第一次交战，这可能会影响士气。"

"确实如此，"叶戈罗夫说，"但是我们没有别的办法。编组第二梯队部队是必需的。我们绝不能低估敌人，必须认真备战，做好同聪明的、能干且强大的敌人作战的准备。如果敌人实际上并不那样强大、聪明，那么，这样做只会使我方处于优势地位。"

叶戈罗夫对许多事都感兴趣，如紧急备用品的状况、士兵的宿舍和军官的住房等。朱可夫他们报告说，指挥人员基本上住在居民家里，通常一家住一间房。

　　指战员们都自动捐献个人财物，以增加国家的黄金储备来建设工厂。叶戈罗夫对这事也很感兴趣，他问道："团长自己捐了些什么？"

　　"我在骑乘比赛中得奖的4个银烟盒，我妻子的一个金戒指和一对耳环。"朱可夫说。事实上，大家当时都是这样做的。

　　司令员扫视了在场的指战员们一眼，然后说："很好，同志们，你们做得很对！"

　　1929年末，朱可夫被派往莫斯科，进入高级干部深造班学习。他们住在中央红军之家招待所，在伏龙芝大街国防人民委员部大厦内上课，那里有教室和专修室。

　　高干深造班的课程具有相当高的水平。朱可夫他们小组的主任教员是布柳赫尔的副职桑古尔斯基，他是一个学识渊博的人。他所作的关于军事科学问题的讲演和报告，都恰当引用了第一次世界大战和国内战争中的战例。其他教员也都是在战术和战役学方面很有修养的专家。

　　深造班的全体学员都对军事理论感兴趣，寻求每一本新书，收集所能得到的各种军事著作，以便带回部队去。当时苏维埃军事科学已开始形成，伏龙芝的著作在这方面占居首位。

1929年出版的《伏龙芝选集》，阐述了未来战争中，人与技术兵器的关系、未来战争的性质、各军种的协调发展，以及后方与前线的作用。伏龙芝坚持必须建立统一的军事学说，以便确定建军的特点、部队军事训练的方法，以及根据在本国占主导地位的军事观点来领导部队。伏龙芝深入地总结了国内战争的经验，提出一系列原则，这些原则后来成为编写苏军条令、教令的基础。

朱可夫说："没有这些条令和教令，苏联红军这支新型的军队就不可能存在。"

在高级干部深造班的课堂上，充满了有利于发扬创造精神的气氛，常常爆发激烈的争论。同朱可夫争论最多的是戈尔巴托夫。当时，戈尔巴托夫是骑兵第二军的一个旅长。朱可夫认为，他是一个受过良好教育、具有渊博学识的指挥员，同他进行讨论是十分有益的。

在深造班里，学员们深入地研究了一系列极为重要的战役战术题目和专题，熟悉了红军部队装备的新式技术和兵器。

1930年春，朱可夫从高级干部深造班学成后，回到了自己的部队。

成为坦克战专家

朱可夫拥有杰出的指挥才能，他为了提高自己的文化程度，坚持不懈地、刻苦地学习着。同时，朱可夫对部队的战斗准备和政治准备的关注，也引起了人们的注意。

朱可夫为了提高自己的军事技术和领导艺术所作的各种努力，使他得以在武装部队中迅速得到提升。在朱可夫担任骑兵团团长期间，苏联组建了第一批坦克团，而朱可夫的团队则被遴选从事这种新武器的试验。

朱可夫仍然要经受一场严峻的实际考验，他必须在克里姆林宫的睽睽目光之下带好那支新组建的团队，同时，还要解决好各种可能产生的问题。

困难是很多的，因为这所有的一切都是新的，因此朱可夫不得不更多地来依靠自己的直觉。坦克是一部复杂的机器，因而对于一支使用坦克的部队来说，后勤供应、保养、作战等细节，都

必须给予特别的考虑。同时，朱可夫不得不去培养新型的士兵，那就是坦克手。此外，参谋工作、通讯、后方行政管理也都是疏忽不得。

身为团长，朱可夫肩上的担子是沉重的。他很快就成了团队的核心。创新精神、领导和管理，样样都出自于他。凡事朱可夫都会亲自过问，所以他熟悉所有的情况。

只有在必须解决有关参谋事务的时候，朱可夫才会呆在团部，其余时间他都会离开团部，亲自到下面去查看团队生活的各个方面。朱可夫既观察、学习，同时又去教授别人。他以一种罕见的耐心和自制去完成这些任务，而且严格要求下级必须有始有终、井然有序和深思熟虑地履行自己的职责。

朱可夫从不大嚷大叫或者是训斥任何人，没有人看见他发过脾气或者暴跳如雷。这对于他的部下有着极大的教育意义。当然，如果是为了部队的利益一定要这么做的话。朱可夫会毫不犹豫地把一个劝说教育无效的人交付军事法庭进行审判。

朱可夫在部队实行的原则是："如果你不会，我们教给你；如果你不想学，我们就强迫你去学。"

朱可夫领导有方，毫不留情地坚持要部下对工作全力以赴，以及他对细枝末节的注意也是极为严格的，这个在他的军事生涯的早期就开始表现出来了。

朱可夫禁止任何人穿工作服离开车间，或离开车库和坦克停车场到外面去，规定必须穿规定的制服。野外训练返回之后，不管时间有多晚，必须立即洗刷战斗车辆。此外，朱可夫坚持要求全团每个人必须把皮鞋擦得亮亮的。

当战斗车辆野外演习回来的时候，洗车用的专用台子已经搭好，而且每次作业结束时，朱可夫都要亲自来查看。他要亲自考察他的部下，特别是军官们，一旦他认为有谁不称职，或者是无法继续胜任自己的工作，那么，朱可夫就会让那个人离开这支部队。

士兵们都不愿离开朱可夫的这个团，因为在他的指挥下大家可以从他那里学到东西，而且士兵们都知道他是一个处事公道的指挥员。朱可夫是怎样要求下级的，也就会怎样要求自己，决对是没有什么两样的。

如果是分内该做的事，不管是白天还是深夜，朱可夫都要去做。他常常在夜里的时候出去视察，一旦发现有什么不对的地方，他就会立即要部下纠正，或者把没有干好的事情重新再干一遍，即便是在正值午夜的时候，也都必须这样去做。

一天晚上，有个坦克连战术演习结束后返回驻地，当时已是午夜时分了。战士们累得个个都已经是精疲力尽了。于是连长要求车场值日军官允许他们把胡乱刷洗过的坦克停到车场里去，讲好第二天早晨再来彻底清洗。值日军官犹豫了一下就同意了，尽管他心里十分清楚团长是禁止这样做的。

　　大约一小时以后，朱可夫来到车场检查车辆。值日军官找理由为坦克没洗干净进行辩解。可是朱可夫却生气地对他说道："乐意帮助同志，是一个很值得赞扬的品质，可是，实际上你并不是帮助他们，正相反，你不执行指示，而且促使他们违犯了军纪、军令。"

　　"我跟你一样清楚地知道，战士们是很疲劳了，可是，他们被征召入伍，就是要使他们受到训练，这样才能应付战争，才能经受住战争的艰辛和严峻考验做好准备。"

　　"我本来应当解除你的职务，再给你军纪处罚，不过作为例外，我今天不这样做。党组织将审查你的行为，宣布对你的处分，这样才是对你有帮助的。"

▲朱可夫在前线

朱可夫讲完以后，命令连长、营长负责组织人把坦克洗干净，完成任务以后向他报告。两小时以后，任务完成了。朱可夫命令全连去休息，但他把连长、营长留下来。接着朱可夫再一次检查坦克。

当朱可夫要走的时候对连长说："我觉得你作为一个连长，还不够成熟。你好好想想吧！然后把你自己的意见告诉我。我警告你，下次你再这样干，就不会这么便宜你了！"

朱可夫用各种具有说服力的办法提醒部下执行各项命令遵守各项规定。他提醒他的官兵不要忘记擦皮鞋或靴子的办法真灵，以致后来没有哪个人忘记擦鞋。

有一次，在警卫队列上，朱可夫先听取了值日军官的报告，然后决定检查一下这些将参加值勤的警卫战士们的军容。他对每个战士的军容都很满意，只有一名战士例外，因为他的靴子擦得不好。

于是，朱可夫命令副官拿来一只凳子和擦鞋工具，接着要那个战士把一只脚放到凳子上。朱可夫聚精会神地看了看靴子，然后开始替战士擦起来。几分钟以后，这只靴子变得锃亮了。

朱可夫把刷子又递给了战士，命令他擦完另一只靴子，擦好以后，跟着值日军官一起到团部报告，把靴子给团长看看。这个战士很下工夫地把另一只靴子擦好了。值日军官和警卫队长，把两只靴子仔细比了又比，然后前往团部让朱可夫看靴子。

　　这次事件在全团官兵中间引起许多议论，可是从那以后，战士们擦鞋更用心了。大家原来都以为朱可夫会对擦鞋问题下一道严厉的命令，可是他却什么命令也没有下。

　　朱可夫在全团逐步建立起了井井有条的秩序，全团官兵对他并不感到惧怕，但却都深深感觉得到他存在的力量，官兵们都很信赖他、依赖他。

　　朱可夫的团不论是参加演习，还是接受检阅，都是名列前茅、备受注目的。而这所有的一切，总部首长都看在眼里。红军各部队没有不知道这个团的，军事学院的学员们也纷纷到他的团里来实习。这支部队常常参加有总参谋部代表到场观看的训练演习，还给各国武官和外国贵宾进行表演。

　　朱可夫在担任骑兵师长期间，西班牙爆发了大规模的内战。不久，朱可夫作为最高指挥部的观察员去了西班牙。斯大林本来不想介入这场战争，但是法西斯国家独断专行，硬要去干涉这场战争。

　　这就使斯大林确信：假如他不果断地采取行动，叛乱分子就会很快取得胜利，而这就意味着法国将被法西斯国家所包围，甚至可能意味着法国国内正日益增长的法西斯主义倾向也将大获全胜，结果会使西方对德国的本来就软弱无力的抵抗，更进一步削弱下去，那么德国向东侵略的道路也就畅通无阻了。

　　最终，苏联领导人决定对西班牙内战进行干预。而这次进行的干预，使朱可夫及其战友在战斗中验证了红军的装甲战理论，并让俄国坦克一试身手。

在战场上坦克手取得了相当多的作战经验，从西班牙战场上、到哈桑湖、到哈勒欣河、到芬兰的森林，这些地方都是苏联坦克部队经受严峻考验的见证。

1936年秋斯大林和伏罗希洛夫派遣朱可夫前往西班牙，作为苏联的主要军事观察员之一，同他一起前往的人都是极其出类拔萃的。

战争初期，大概是从1936年秋到1937年夏杰出的坦克专家之一，帕夫洛夫也在西班牙。帕夫洛夫是负责坦克作战的首长，在他撰写的关于指战员和坦克作战情况的长篇报告中，尽管他费了很多心血，但他关于装甲作战的结论是不正确的。

由于在伊比利亚半岛战斗中出现的问题，帕夫洛夫认定：在现代战场上坦克是无法完成单独作战任务的。尽管朱可夫提出了反对意见，但是也没有起到任何作用，红军的大型坦克部队被解散了。坦克被降低到只起步兵支援武器的作用，坦克部队被编成一些单独的坦克营附属于步兵部队。

苏联装甲部队参加了一系列残酷的战斗。不久，德国和意大利进一步扩大了它们的干涉的规模与范围，莫斯科认识到只有大量增加援助，才能于危难之中挽救西班牙共和国政府。

然而，西方国家之中有的是不愿意向西班牙共和国政府提供

援助的，有的则无能为力。此时的苏联政府也担心会因此与轴心国发生战争，于是西班牙共和国的事业最终惨遭失败。

朱可夫和他的战友们在这场战争中汲取到了许多宝贵教训。他们试用了新武器，研究了现代战术中一些有争论的概念是否可行。

坦克虽说在第一次世界大战中经过短时间试用之后，被誉为有前途的武器，但它在快速机动的作战行动中的效果，大体上说仍然是没有经过检验的，而西班牙战争为这一检验提供了宝贵的机会。

任职监察部

　　1930年1月，罗科索夫斯基被任命为萨马拉骑兵第七师师长。同年5月，朱可夫在指挥第三十九团将近七年之后，被任命为了萨马拉骑兵第七师骑兵第二旅旅长，对他的赞扬也越来越多了。师长罗科索夫斯基在一份鉴定报告中称赞朱可夫说：

　　朱可夫是一位坚毅果断的指挥员。他富有创新精神，并善于把这种创新精神应用于本职工作。他严守纪律。他要求严格并始终坚持。在军事方面，他是训练有素的。他喜欢研究各类军事问题，不断提高自己。在一年的时间里，朱可夫对骑兵旅的战斗训练领导有方，使该旅不但在操练和战术射击上，而且在全面发展上，都取得了很大进步。

　　同时，师长罗科索夫斯基还建议提升朱可夫担任机械化兵团司令员之职。朱可夫领导的第二旅，是由骑兵第三十九团和四十团两个团组成的。他必须仔细研究骑兵第四十团的情况，这个团当时由原沙皇军队的一个旧军官伊夫列夫领导。

　　伊夫列夫是一个比较孤僻的人，不喜欢骑兵这一套，但是他对射击训练还是很熟悉的，而且也是比较注意的。所以，第四十团在射击训练方面总是名列前茅。朱可夫努力发现骑兵第四十团的一切优点，即使是很微小的地方，作为其他部队学习的榜样，并且常常组织这两个团的各种示范作业，如战术、射击、骑乘及政治教育方面的作业。

　　这个方法很快就收到良好效果，第二旅成了萨马拉骑兵第七师的先进旅，并不止一次地受到表扬。这使大家感到十分的高兴。朱可夫和大家齐心协力地努力工作，指挥员在工作中依靠党组织，调动全体人员的积极性和主动性，以不断提高战备水平。有一天，第三十九团党组织书记找到朱可夫，建议在全旅范围内交流两个团的工作经验。

　　朱可夫听取了这个建议。在两个团的党组织联席会议上，决定进行训练法指导课，以便示范如何向最后进的红军战士讲解党对待各种复杂问题的路线。第一课是由第三十九团一个政治副连长日穆罗夫讲的，讲得很出色。然后，第四十团的政治工作人员主动把一些不守纪律的红军战士召集起来，准备通过开诚布公的谈话，弄清他们犯错误的原因。

结果发现，有相当数量的人之所以犯错误，并不完全是他们自己的原因，而是因为他们的指挥员和政治工作人员不了解战士的性格和他们个人的特点，有时不能公正对待他们的行为，因此有些战士故意让这类首长为难，结果使领导丧失了威信。

对此，朱可夫说："应当承认，这样开诚布公的谈话无论对于红军战士还是首长，都是非常有益的。"

朱可夫运用示范作业的方法，很快收到了良好的效果，他们旅很快又成为了训练先进旅。

在1930年末，有消息说朱可夫可能被任命为工农红军骑兵监察部的助理。虽然骑兵监察部的工作当时在骑兵部队中享有很高的声誉，但是，朱可夫听到这个消息一点儿也不高兴。

因为朱可夫和所在师相处得太熟了，他认为自己是这个和睦的萨马拉人家庭不可分离的一员。但是问题已经决定，他必须收拾行李准备去莫斯科。所谓收拾就是一件军大衣加上几套换洗的衣服，一只箱子就足够装了。

一天晚上，师长罗科索夫斯基给朱可夫打来电话，告诉他已接到了莫斯科的调令。他问朱可夫："你得多少时间可以准备好？"

"两小时。"朱可夫回答说。

"我们不能就这样让你走"，罗科索夫斯基说："要知道你

是第七师的老兵，我们要好好地欢送你一下。这是第二旅全体指挥员和政治工作人员的共同心愿。"朱可夫听了此言，真是备受感动。几天以后，骑兵第三十九团和四十团的全体指挥员和政治工作人员举行宴会，师首长也参加了。

同志们对朱可夫说了许多热情赞扬的话，这些话都发自内心，使他终生难忘。

第二天一早，在朱可夫准备起程以前，他再一次到各分队同战士和指挥员告别。随后，朱可夫还到明斯克去了一趟，这是他非常喜爱的城市。在这里他住了8年，他非常了解热爱劳动、善良的白俄罗斯人民。他亲眼看到白俄罗斯成功地治好了两次战争留下的累累伤痕。晚上，朱可夫同妻子基叶夫娜和两岁的女儿艾拉，一起动身去了莫斯科。

朱可夫到了新的工作岗位后，被任命为红军骑兵监察部的总监助理，分管骑兵战斗训练，并参加各种军令和教令的制定工作。大约一个月后，朱可夫完全熟悉了新的工作。

3个月后，陆海军人民委员部下辖的各监察部和军训部共同召开了党员大会。会上，朱可夫被选为党组织书记。

在红军监察部工作期间，朱可夫大开眼界，接触到图哈切夫斯基等著名的军事家。图哈切夫斯基十分了解苏联武装力量的不同军种，在现代战争中的作用，并善于创造性地对待任何问题。

早在20世纪30年代，图哈切夫斯基就曾预言，苏联的头号敌人是德国，它正在准备大规模的战争，而且毫无疑问，首先是对苏战争。在新的工作岗位上，朱可夫学习到了更多的军事理论，于是他常常从更高的层次上，去研究战役战术的问题。

1931年夏天，在骑兵第一军野营中，朱可夫在骑兵第一师骑兵团长古谢夫及其他同志的参与下，拟制了工农红军骑兵战斗条令草案。秋天，该草案在监察部讨论之后，提交图哈切夫斯基审查。

朱可夫和副部长科索戈夫，不止一次地坚持条令中的某些条文。但是，在图哈切夫斯基的有分量的、说服力很强的反对意见面前，朱可夫他们不得不"投降"，并对图哈切夫斯基为他们拟

▲朱可夫经常深入一线，了解前线的真实情况

制的条令草案所提出的意见，表示衷心的感谢。

经过图哈切夫斯基修正之后，条令顺利出版了。从此，骑兵部队获得了一部战斗训练的良好教材。

骑兵监察部还进行了大量的工作，对骑兵部队和兵团的组织、武器装备和作战方法重新进行研究。

经过长时间的讨论，并与各骑兵兵团指挥员仔细商讨后，决定骑兵师编成内，应有四个骑兵团、一个机械化团和一个炮兵团。

骑兵团应由4个骑兵连、一个机枪连、一个团属炮兵连、一个独立防空排、一个独立通信排、一个工兵排、一个防化排和有关后勤机构组成。

炮兵团编成内应由一个122毫米榴弹炮营和一个76毫米加农炮营。机械化团配有BT-5式坦克。

这样一来，红军的骑兵装备了强大的技术兵器和火器，改变了骑兵的编制和作战方法。

朱可夫在监察部的这几年间，正是骑兵受到高度重视的时期。大多数骑兵部队都驻守在极为重要的战略方向上，责任十分重大。朱可夫得以较快地掌握到现代战争的理论及技术，取得丰富的总部工作经验。

重振骑兵第四师

　　1933年3月的一天，骑兵监察部第一副部长科索戈夫通知朱可夫说，已向伏罗希洛夫推荐他担任骑兵第四师师长。在国内战争时期，这个师一直都是布琼尼的骑兵第一集团军中最优秀的部队之一。科索戈夫问朱可夫对这项任命有什么看法，是否愿意去白俄罗斯军区。

　　朱可夫回答说："任命我担任这一著名的骑兵师师长职务，我感到非常光荣。我熟悉白俄罗斯军区，我过去在那里工作了10年。我很熟悉骑兵第三军军长瓦伊涅夫，他是个能干的军事首长。"

　　告别时，科索戈夫对朱可夫说，布琼尼要找他谈一次。几天后，人民委员签署了任命朱可夫的命令。

　　布琼尼在与他交谈结束的时候，他激动地对朱可夫说："第四师过去一直是优秀的骑兵师，它将来也应当是优秀的骑兵师。"

此时，年仅37岁的朱可夫跨入了红军高级军官的行列。

随后，朱可夫带着妻子、女儿坐上火车，回到了他所熟悉的白俄罗斯。到斯卢茨克时，正赶上春季泥泞时期。车站上到处是泥，很难通行。在到达马车的一段路上，朱可夫妻子的套鞋好几次陷在了泥里。

▲朱可夫在前线

女儿艾拉坐在父亲朱可夫的肩膀上问："这儿怎么没有人行道呢，像在索科利尼克我们家那儿一样？"

朱可夫说："这里也会有人行道和美丽的广场，只是要等到将来。"

朱可夫带着妻女，暂时住在了师化学兵主任德沃尔佐夫家的一间8平米的房子里。德沃尔佐夫非常客气，把这间房让给朱可夫他们一家，自己一家则住在了一间小的房间里。

半小时以后，朱可夫来到了师司令部，它就设在同一个院子里。师长克列特金不在司令部，他说他身体不舒服，不能迎接朱可夫。当然，朱可夫理解他的心情，因此没有坚持立即见到他。

骑兵第四师曾是王牌部队。朱可夫上任后，首先对所属的各部队进行了考察摸底，发现了许多存在的问题。朱可夫在同师里的领导干部讨论了他考察的结果后，决定首先召开扩大的全师各级领导干部大会，吸收司务长参加，因为司务长在组织全部内务勤务方面起着巨大的作用。

党的积极分子大会开得很成功。在党员的发言中，反映出一种要求立即克服存在的缺点的决心，并对那种把纪律松懈、军事训练差，归咎于客观条件的情绪进行了严厉的批评。

在军事训练方面，师领导班子决定准备集中主要力量，对各级指挥干部进行教学法训练。在师团各级指挥人员的战术训练中，努力培养他们善于隐蔽部队和分队的行动，以保障对敌人进行突击时的突然性。

朱可夫认为，突围是一种最困难、最复杂的战斗行动。要想迅速突破敌人的正面，领导者必须具备高超的本领、坚强的毅力、严密的组织性，特别是卓越的指挥能力。

在通常情况下，朱可夫对演习企图严格保密，对参加演习的

团发出战斗警报，指出集合地域，在集合地域内向团的领导说明战术情况，发出战斗命令，规定他们实施机动，通过难以通行的地域、沼泽地或是森林地。

行军路线选择在必须用相当的力量来清理和敷设的道路，使用就便器材渡河。在这种情况下，通常不加强任何工程器材，以便训练各级指挥员善于靠自己的力量，利用就便器材脱离困境。

实施这种演习，在体力上消耗很大，有时部队需要连续行军好几天，不能睡觉，不能按时吃饭，有的战士累得连站都站不稳。但是，当部队完成了艰巨的任务，到达规定的目标时，指战员又是多么的高兴啊！

1935年，朱可夫领导的骑兵第四师，在政治教育和军事训练等各个方面都达到了很高的指标。朱可夫在担任师长职务时成绩卓著，他的师在战斗训练和政治训练中的表现也非常地优异。

同年，在白俄罗斯军区的大检阅中，第四师取得了优异的成绩，并获得了政府最高奖励"列宁勋章"。师长朱可夫也获得了一枚"列宁勋章"。

朱可夫在担任师长职务时说，参加在白俄罗斯军区，举行的军事演习和指挥与参谋训练，对于扩大他的作战视野，形成他的理论观点和指挥素质帮助极大。

1936年4月，苏联国防人民委员伏罗希洛夫，视察了骑兵第四师。这位该师的第一任师长重回英雄的部队，心情十分激动，第四师的全体官兵也很激动。

在朱可夫冷静的指挥下，所有的检阅动作都进行得很出色。检阅完毕后，伏罗希洛夫和陪同他的高级将领们进行了一番关于骑兵与坦克的对话。当时，朱可夫也在场。

伏罗希洛夫说："我们的骑兵发生了多么大的变化啊！在国内战争时期，我和布琼尼在整个骑兵集团军中只有几辆原始的装甲车。而现在呢，每一个骑兵师就有一个出色的坦克团，可以靠自己的力量通过复杂的江河障碍。"

伏罗希洛夫转身问身边的军长科斯坚科："怎么样，我的老朋友，你对坦克怎么看？坦克不会使我们上当吧？也许马匹更可靠，嗯？"

科斯坚科说："不，伏罗希洛夫同志，马匹、马刀和长矛我们目前还不能抛弃，我认为放弃骑兵现在还为时过早，它还能为祖国服务。但是我们应对坦克给予充分注意，它是新型的快速机动兵种。"

伏罗希洛夫又问政委津钦科，津钦科回答说："我认为科斯坚科的意见是对的，如果我对装甲坦克兵器的前途表示怀疑的话，那我就是一个可怜的、不合格的机械化兵团的政治委员。我认为，应尽快发展机械化部队，特别是坦克兵团，目前我们还太少。"伏罗希洛夫听后，连连地点头。

演习结束后，在讲评时，伏罗希洛夫对朱可夫他们师给予了

很高的评价，他热烈赞扬该师渡河组织工作做得很好，赞扬坦克手的创新精神，他们敢于渡过像别列津纳河这样深的河流。

随后，师部让各团开会，向战士、军事指挥员传达了这些讲话。指战员们兴奋异常，久久不肯散会，畅谈演习中的种种感想。

在任骑兵第四师师长后，朱可夫的名字在报刊上出现得越来越频繁。1936年，他被指定为参加起草新宪法草案的军事委员会的成员。

朱可夫对自己在第四师的工作是这么评价的。他说：

> 这些年我只有一个信念：使我所指挥的师成为红军部队中最好的师、最先进的师。我对师的训练工作付出了大量的劳动、精力和心血，使它摆脱了落后状态，教会指挥干部和司令部掌握现代战术、组织，以及指挥分队、部队和师的方法。

朱可夫还说："我并不是说，我们当时一切都做好了。但是我可以问心无愧地说，在师的训练方面，我们指挥员和政治工作人员当时已做了他们所能做的一切，贡献了全部力量。"

第四章 所向披靡

　　人民是我们的母亲。作为军人，最大的痛苦与失职就是不能保护好人民，使他们受到战争的苦难。

——朱可夫

潜心钻研军事学

1937年，根据国防人民委员的命令，朱可夫担任了白俄罗斯军区骑兵第三军军长的职务。

不久，骑兵第六军军长戈里亚切夫，被任命为基辅特别军区副司令员，朱可夫则被推荐担任第六军的军长。他欣然接受了这个职务，因为第六军的训练水平和部队总的状况比第三军要强。最主要的是，顿河哥萨克第四师在第六军的编成内。因为朱可夫指挥这个师有4年多的时间，所以他对这个师特别的有感情。

在骑兵第六军，朱可夫进行了重大的战役研究工作。他研究最多的是骑兵机械化集团军中，骑兵的战斗使用问题。这在当时是一个重要的需要解决的问题。

骑兵第六军在战斗准备方面，比其他部队要好很多。在这个军内，除顿河哥萨克第四师外，琼格尔库班—捷列克哥萨克第六师也很不错，它在训练方面，特别是战术、骑术和射击训练方面都很出色。

朱可夫在担任第六军军长时,他下功夫研究了战役战略问题。因为他很清楚,一个现代化军队的军长必须知道许多东西,必须顽强地钻研军事科学。

朱可夫阅读了大量的战史材料、军事学术经典著作和各种回忆录,并努力对现代战争、战役和战斗的特点做出结论。

▲朱可夫和将士们在一起

在进行师军指挥员演习、首长司令部演习、实兵演习时,朱可大都亲自制订战役战术计划,这使他收益很大。

此外,朱可夫还深深的懂得,作为一个军长,他必须认真地学习党政问题。他有时候阅读马列主义经典著作,要学习到深夜。在回忆录中,朱可夫这样写道:

> 应当承认,阅读这些著作对我来说是很吃力的,特别是马克思的《资本论》和列宁的哲学著作。但是,顽强学习就能收效。后来我很高兴,在困难面前我没有退

缩，可以说是勇往直前继续学习。这对我很有好处，使我对我们武装力量的组织问题、我们党的对内对外政策问题有较深的理解。

我自己学习，也要求部属经常学习列宁的策略，否则就不可能很好地领导、训练和教育部队，也不可能在需要时率领部队为保卫祖国而战斗。

1938年，骑兵第六军的战斗训练进行得很正常，年终时，骑兵第六军达到了很好的指标。作为副司令员，朱可夫平时的任务是领导军区骑兵部队的军事训练和作战计划，规定与骑兵部队共同行动的独立坦克旅的军事训练。

后来，朱可夫同苏联的一个军事代表团一起，被派往中国去观察日本的战略和战术。

这次旅行是苏联卷入中日战争的产物。到1938年，随着日本、德国和意大利三国联盟的迅速形成，莫斯科开始意识到中日战争可以使苏联免遭来自东方的进攻。从此，苏联加强了对中国的物质援助，双方建立了比较密切和友好的关系。

1937年底，第一批苏联飞行员来到了中国。接着一些教官和更多的飞行员、地勤技术人员、炮兵专家、坦克专家和工程师也相继来到了中国。1938年夏，二十一名苏联高级军官也来到了中国。

苏联在中国的军事人员达到了一千人，虽然苏联飞行员参加空战相当多，但顾问们大多被派到战地指挥部，不做日常参谋工作，只在技术问题上提供咨询，或者在坦克和炮兵训练中心，以及航空学校任职。

　　一些苏联军事专家有些在参谋学院讲课，还有一些人在国民党军事委员会担任顾问。但大体上说，这些高级苏联顾问们的才能并没有得到真正的发挥，因此，在不久之后他们就都相继离开了中国。

不幸的大遭遇

对于当时的苏联来说，针对大批军政高级官员的"大肃反"运动，无疑是一场巨大的灾难。朱可夫在谈到这件事时，脸上总是会流露出痛苦的表情。因为，朱可夫认为他们都是无辜的。

莫斯科突然传来消息说，一大批军内高级军官被逮捕了，他们以叛国、间谍和密谋颠覆苏维埃政权等罪名而遭到了起诉。这时的莫斯科向外界宣称，克里姆林宫的领导人正面临着被密谋暗杀的危险。事实上，将这些信息集中起来就可以看出，希特勒的盖世太保（即国家秘密警察），10年来精心策划的一场最大的骗局终于获得了成功。

希特勒通过利用斯大林偏执多疑的心理，让盖世太保故意把一些虚假的文件资料"落入"到捷克斯洛伐克政府高官手中，并且造谣说斯大林麾下的大批高级军官要密谋暗杀苏联领袖斯大林。随后，一场针对苏联红军的"大清洗"开始了。

斯大林痛斥那些隐藏在军队内部的"人民的敌人"，发誓要将他们彻底铲除。斯大林断言，这些名单上的人都已经被德军控制了。当时的希特勒和他的将军们正在想方设法扼杀苏联红军，企图使这支军队丧失履行保卫祖国的职能，同时，他们希望将苏联能够变成"第二个西班牙"。

虽然军事的审判工作是秘密进行的，但是政府控制的媒体报道说，这些被捕的军官收受了德国和日本的金钱贿赂。他们受到了严厉审讯，有的被判处死刑，有的被关进了监狱。在军事审判之后，他们又在公众和包括外交官在内的外国来宾面前接受了几次声势浩大的"审判"，但这种做法只是掩人耳目而已。毋庸置疑，对这些杰出军事领导人的审讯令朱可夫异常痛苦，因为其中许多所谓的"人民公敌"都是与自己私交不错的朋友。

朱可夫在后来的回忆录中，讲述了很多关于"大肃反"的历史事件，提到了那些被"清洗"的高级军官，其中尤其提到了图哈切夫斯基和乌博列维奇。

在朱可夫的回忆录中，曾经数十次地提到了图哈切夫斯基。朱可夫认为，他所学到的许多基本作战理论都是由图哈切夫斯基和其他所谓的"阴谋者"创立的，正是靠着这些理论，他才能够在蒙古哈拉哈河战役中大显身手，取得了绝对的战场优势。

但是，在那个对间谍活动充满狂热的年代，朱可夫与其他人是一样的，经常需要被迫交代他们和那些因各种罪名被逮捕入狱

的高级官员之间的关系，在那时，与朱可夫有过私交的几十名高级官员无一逃脱被逮捕的命运。

在明斯克，朱可夫受到白俄罗斯军区军事委员会委员菲里普·戈里科夫的问讯。朱可夫和许多被捕的官员都很熟悉。朱可夫告诉戈里科夫，这些人都非常热爱自己的祖国，对党也是无限忠诚的。朱可夫看出，戈里科夫对他的回答很不满意。戈里科夫接着又提出了另外两个问题。戈里科夫说："有人报告说朱可夫对待下属非常苛刻粗鲁，另外还瞧不起做政治工作的人员。"

朱可夫回答说："我只会对那些在执行任务时散漫拖沓的人

▲朱可夫（右）和罗科索夫斯基在一起

动粗。"

戈里科夫又指出，他听说朱可夫的夫人曾经为他们的第二个女儿埃拉做了洗礼。朱可夫否认了这一点。很明显，这是一次非常不愉快的谈话，朱可夫担心这会使他失去担任骑兵第3军新任军长的机会。但幸运的是，朱可夫的任命并未因此事而受到影响。当朱可夫最终走马上任后，他发现这支部队的军事和政治教育水平非常低。朱可夫认为，这一切都要归咎于"大肃反"，它严重的影响了部队的士气和训练。

在大多数情况下，那些要求严格的指挥官很容易就成为负责"肃反"工作的内务部官员的攻击目标，他们总是设法以"人民公敌"的指控将这些指挥官拉下马。在遇到上级侵犯下级权利的行为时，朱可夫并非坐视不理，而是经常大胆地进行干预。

当时，有一名军官正因为与一名在"大肃反"中被逮捕并被枪决的高层军官交往密切而遭到指控，他担心自己会被视为卑鄙之徒在即将召开的会议上被开除，甚至担心自己会遭到秘密情报机构的逮捕。

朱可夫参加了即将召开的会议。在会议上，果然有人提出将这名军官逐出红军和党外。朱可夫为他作了辩护发言，称赞他是一名忠心耿耿并且能力非凡的指挥官，他认为与这一点相比，其他任何指责都不是很重要。当会议结束时，朱可夫的观点最终取胜了，而那位被指控的军官在朱可夫的面前流下了感激的泪水。

全歼日本第六集团军

战争进一步地逼近了欧洲，而在远东，日本人的作法也越来越胆大妄为，这使得俄国人对于自身边境的安全，愈发担心了。于是，俄国人采取了一系列的阻止侵略的措施，比如：在沿陆地边界一带建筑堡垒；建筑沿岸火炮和自动武器修筑火力阵地；在边境地区修建仓库、机场和公路等。

苏联对它的远东边界尤其感到担心，因此，在此以前就组建了远东方面军，组建了太平洋舰队。1936年3月，苏联又同蒙古人民共和国签订了互助条约。

一段时期以来，日本人一直在试探苏联红军的实力，他们往往是趁着世界其他地方发生冲突的时候进行试探，并且已经发生过了多起边界冲突。

日本决定在满蒙边境对俄国的军力进行一次大规模的试探，但在事实上已经远远超出一次试探行动的范围了。日本人在两条

战线上作战，是想借此提高日本和日本军队在其他国家心目中的
"威望"。此外，日本还希望把苏联同中国隔开，从而切断援助
通道。

1938年夏，苏联红军占领了阿穆尔河中的两个小岛，日本人
提出了强烈抗议，并要求他们撤走。但是俄国以早年的俄中条约
为证，说明这些岛屿是属于俄国的。

两天以后，日本人派出了分遣队在两个岛上登陆。7月中
旬，苏联派出小股部队登上具有重要战略意义的扎奥泽尔纳亚山
和别齐缅纳亚山。红军指挥部担心日军占领这两个高地，从而对
波谢特港造成严重威胁，于是决定先下手为强。

7月29日，日满军队在哈桑湖地区，充分利用了对守军极为

▲朱可夫与诺门罕战役参战的苏军士兵交谈

不利的地形条件，发动了进攻。远东方面军司令员布留赫尔便命令驻波谢特地区步兵第四十师做好战斗准备，同时，从这个师中抽出两个加强营派往别齐缅纳亚山和扎奥泽尔纳亚山。

8月6日，苏联军队首先对高地进行了轰炸和密集炮轰，然后苏联步兵发动攻击。8月9日，在双方遭受沉重伤亡之后，战斗停了下来，日军放弃了对有争议领土的争夺，日本驻苏大使重光葵来到莫斯科的外交人民委员部，提议进行谈判。

哈桑湖一战，严重暴露了苏联远东第1集团军部队动员状况和各级指挥部及参谋工作的种种缺点。1938年11月，在伏罗希洛夫指出了某些缺陷之后，国防人民委员部总军事委员会也采取了一系列的重大措施来改善远东部队的战备状态，从而增强了边界的防卫。

1939年5月底，朱可夫作为白俄罗斯军区副司令员，正与几位助手在明斯克地域实施首长—司令部军事演习。

演习结束后，6月1日，朱可夫在明斯克的骑兵第三军司令部进行讲评。

突然，军区军事委员苏塞科夫通知他，刚才莫斯科电话通知，命令他立即动身，明天向国防人民委员报到。

朱可夫接到命令后，马上乘通过此地的第一趟列车，前往莫斯科。6月2日清晨，朱可夫走进了伏罗希洛夫的接待室。

在人民委员手下工作的赫梅利尼茨基，奉命接待了朱可夫。

他说伏罗希洛夫已经在等他了。赫梅利尼茨基对朱可夫说："你进去吧，我马上去命令给你准备远行的行装。"

"什么远行？"朱可夫不解地问。

"进去吧，人民委员会告诉你一切的。"赫梅利尼茨基说。

进门后，朱可夫向人民委员报告他已奉命来到。伏罗希洛夫向他问好后，说道："日军突然入侵我友邻蒙古的边界，根据1936年3月12日的苏蒙条约，苏联政府有义务保护蒙古不受任何外来侵犯。这是入侵地区5月30日的情况图。"随后，朱可夫走近地图。

"在这里，"伏罗希洛夫指给朱可夫看，"日军长时间的对蒙古边防人员进行小规模挑衅性袭击，而在这一带，日本的海拉尔警卫部队侵入蒙古人民共和国领土，并袭击防卫哈勒哈河以东地区的蒙古边防部队。"

"我认为，"伏罗希洛夫接着说，"这里孕育着严重的军事冒险。无论如何，事情并没有到此结束。你是否立即动身飞到那里，而如果需要的话，把部队的指挥权接过来？"

"我马上可以起飞。"朱可夫果断地表示。

"非常好，"伏罗希洛夫说，"你乘坐的飞机16时可准备好，在中央机场。你到斯莫罗基诺夫那儿去，在他那里你可以拿到必要的材料，同时商量一下今后同总参谋部的联系问题。派给你几个专业军官，在飞机上等你。再见，祝你成功！"

与伏罗希洛夫分手后，朱可夫赶到总参谋部，见到代副总参谋长斯莫罗基诺夫。只见在斯莫罗基诺夫桌上，摊着和人民委员一样的形势图。

斯莫罗基诺夫对朱可夫说："我请你到达目的地后，立即弄清当地的情况。然后，坦率地告诉我们你的意见。"说完以后，他们就分手了。

不久，朱可夫及其随行人员离开莫斯科，飞往蒙古方向。在边境的最后一站赤塔停留时，朱可夫听了当地军区领导关于最新敌情的介绍。

6月5日晨，朱可夫一行到达塔木察格布拉克，在第五十七军特别司令部，朱可夫见到了军长费克连科、军政委尼基舍夫、参谋长库谢夫以及其他人。

在汇报情况的时候，库谢夫急忙说明，对情况还没有进行充分的研究。从汇报中，朱可夫发现军的领导并不了解真实情况。

朱可夫问费克连科："你是否认为可以从距战场120公里以外的地方指挥部队？"

费克连科回答说："我们坐在这里，当然是远了一点。可是，在发生冲突的地域，我们在作战方面尚未做好准备。前面电话电报线路连一公里都没有敷设，也没有现成的指挥所和着陆场。"

朱可夫问道："面对这种情况，你们准备怎么办呢？"

"我们准备派人去搞木料，然后着手构筑指挥所。"费克连科说。

　　很明显，在军的领导人中，除了政委尼基舍夫外，没有人到过发生冲突的地域。朱可夫建议军长立即到前线去，在那里仔细研究一下情况。但是，费克连科借口莫斯科随时可能来电话找他，便让政委尼基舍夫与朱可夫同去。

　　尼基舍夫是个十分称职的政委，他对全军人员的情况都很熟悉，给朱可夫留下了很好的印象。

　　通过对发生冲突地域内的地形观察，与苏蒙部队指战员谈话，朱可夫对已发生的战事的性质和规模有了进一步的了解，并对日军的作战能力心中有数了。另外，朱可夫发现了苏军和蒙军行动中的缺点，主要缺陷之一就是对日军缺乏周密的侦察。

　　各种情况表明，这不是边境冲突，日本并未放弃侵略苏联远东地区和蒙古领土的野心。朱可夫估计，不久就会发生大规模的行动。

　　在考虑了全面情况后，朱可夫得出结论，苏军第五十七特别军的兵力无力阻止日军的军事冒险，特别是如果日军同时在其他地域和向其他方向发动进攻的话，该军就更加无能为力了。

　　回到塔木察格布拉克的指挥所后，朱可夫同军领导商讨后，发出了呈送给国防人民委员的报告。在报告中，朱可夫简略地报告了苏蒙军队的行动计划：坚守哈勒哈河东岸的登陆场，同时准

备从纵深方向进行反袭击。

第二天，朱可夫收到了回答。人民委员完全同意朱可夫他们对情况的判断和下一步的行动计划。同一天，朱可夫还受到了人民委员的命令，解除费克连科的军长职务，任命朱可夫为该军军长。

朱可夫对战局的判断准确无误。在1939年7月3日清晨，蒙军的苏联总顾问阿丰宁上校，到巴英查岗山去检查蒙古第六骑兵师的防御时，意外地发现了正借着夜幕的掩护偷渡哈勒哈河，进攻蒙古第六骑兵师分队的日军部队。日军凭借着优势兵力，于拂晓前占领了巴英查岗山及其邻接的地段。

得知情况后，在3日7时，朱可夫派出苏军第一批轰炸机和歼击机飞抵巴英查岗山上空，开始对日军进行轰炸和强击。为了阻止敌人继续渡河和在巴英查岗山地域集中兵力，朱可夫命令加强对哈勒哈河渡口的轰炸和炮击。

9时，苏军坦克十一旅前卫营的先头分队，进抵巴英查岗山地域。9时15分，朱可夫见到了坦克十一旅旅长雅科夫列夫。朱可夫和雅科夫列夫一起分析了当前的情况，决定召唤全部航空兵，加速坦克和炮兵的运动，不迟于10时45分向敌人发起进攻。

10时45分，坦克第十一旅的主力展开，从行进间向日军发起了进攻。有一个名叫中村的日本士兵，在他的日记中描绘了7月3日的情况：

几十辆坦克突然向我们冲来。我们当时惊慌失措；
战马嘶叫，拖着火炮前车四处奔跑；汽车也四处乱窜；
空中我军两架飞机被击落。官兵上下都胆战心惊。我们
嘴里越来越常说的字眼是"可怕"，"可悲"，"心惊
胆战"，"惊心动魄"。

7月4日，战斗昼夜间都在继续着。到5日凌晨3时，红军攻占
了巴英查岗山头，日军的抵抗被粉碎。日军见势不妙，开始仓皇
向渡口撤退，企图渡过哈勒哈河。日军工兵由于害怕苏军坦克突
破，已把渡口炸毁了。日军官兵全部跳入水中，苏坦克兵亲眼看
到他们溺亡。

日军第六集团军司令官狄州立兵将军看到局势不妙，于7月3
日夜里率领作战组撤到了河对岸。

7月5日晨，巴英查岗山和哈勒哈河西岸已经听不到枪声了。
朱可夫指挥的坦克兵大获全胜，这一仗是苏军积极防御的典范。
在这一仗后，日军再也不敢冒险跨过哈勒哈河了。

日军不甘心就此失败，于是调集重兵于哈勒哈河沿岸，企图
与苏军决一死战。为了迷惑日军，朱可夫命令部队的一切运动、
集结、变更部署都只能在夜间进行，因为夜间敌人的航空侦察和
目视观察都会受到极大的限制。

在8月17日至18日之前，朱可夫下令严禁部队进入出发地域。进行现地勘察的指挥人员必须穿着红军战士服装，只能乘坐货运卡车。

苏军料到日军会进行无线电侦察和窃听电话，为了制造假情报传给敌人，苏军拟订了全套无线电和电话通话计划。通话只涉及建立防御和秋冬战役的防御准备，无线电通话主要使用易于被破译的密码。

此外，苏军还印制了几千张传单和一片战士防御须知，把它们投到敌方阵地，使敌人看到苏蒙军队的政治教育的重点是什么。

为了伪装部队的行动，苏军还使用了各种音响器材，逼真地模拟打桩、飞机起飞、坦克运行等声音。在突击集团开始调动前的12天至15天，苏军就开始模拟各种音响，使敌人对此习以为常。

起初，日军把这些模拟的声音当成了部队真正行动的声音，于是向发出声音的地方进行射击。后来日军就对任何声音都不再注意了，而这一点对苏军真正变更部署和进行集中时，有极为重要的意义。

为使苏方进攻战役的消息不泄露出去，在集团军群司令部内，总攻计划由司令员、军事委员、政治部主任、参谋长和作战部长亲自拟制。各兵种司令员和政委、后勤部长，只根据司令员批准的计划分别制订有关计划。

战役计划、命令、战斗号令以及其他作战文书的打印，只由一名打字员负责。

随着进攻开始日期的临近，在战斗行动开始前四天至前一天，逐次向各级指挥人员传达战役计划。在进攻前3小时，才向战士和军士下达战斗任务。

1939年8月20日，苏蒙军队发起合围并歼灭日军的总攻战役。这一天是星期日，天气暖和。日军指挥部深信苏蒙军队不想进攻，也没有做好进攻的准备，因而允许将官和校官星期日休假。其中有不少人在这一天远离自己的部队，有的去了海拉尔等地。

苏军认为这是一个相当重要的情况，于是决定在星期日开始进攻！凌晨5时45分，战役打响了。苏军炮兵对日军高炮及机枪阵地进行了突然的猛烈射击。部分火炮对苏航空兵要轰炸的目标发射烟雾弹。

在哈勒哈河地域的上空，出现了150架轰炸机和100架歼灭机。飞机的突击非常凶猛，战士和指挥员的情绪极为高涨。8时45分，当苏军航空兵对日军进行突击，轰炸其炮兵时，空中升起红色信号弹，总攻开始了！冲击部队在炮火的掩护下，奋力向前冲去。

苏军航空兵和炮兵的突击非常猛烈，在一个半小时内，敌人

的炮火无力进行还击。日军的观察所、通信联系以及炮兵阵地都被摧毁了。

部队的冲击是准确按照战役战斗计划进行的，但坦克第六旅没能全部渡过哈勒哈河，只有部分兵力参加了8月20日的战斗。该旅的渡河和集中到20日的零时才完成。

8月21日和22日进行了激烈的战斗，在大沙地域尤为激烈，敌人在这一带进行了顽固的抵抗。为了弥补估计的错误，苏军被迫从预备队中抽出摩托化第九装甲旅投入战斗，并加强炮兵。

在粉碎了敌侧翼集团后，苏装甲坦克部队和机械化部队，在8月26日结束前，完成了对日军第六集团军全部的包围。26日以后，开始分割歼灭被围的敌军集团。但是，日军仍然顽强的抵抗。

原来，日本当局告诉士兵，他们当了俘虏也得被枪毙，而且在枪毙之前还得折磨得半死。这类宣传在士兵了起了一定的作用。但是，事实粉碎了谎言。在回忆录中，朱可夫这样写道：

> 我记得在8月里的一天，天刚亮，我在观察所，一名已被蚊子咬得不像样子的日本俘虏兵被带来了。他是被费久宁斯基团的侦察兵在芦苇丛里抓到的。
>
> 我问他，是谁在什么地方把他搞成这个样子的。他回答说，他和另一个士兵昨天黄昏受命躲藏在芦苇里，

暗中监视俄军的行动，但没有给他们防蚊用具。中队长命令他们在芦苇中不许乱动，以免被发现。夜间蚊子袭来，他们咬紧牙关忍受着蚊子的叮咬，一动不动地待到第二天早晨，生怕被发现。

这个俘虏说："可是俄国人一喊话，端起了枪，我就举手投降。我再也忍受不住这种折磨了。"

朱可夫非常需要了解这个被俘士兵所在的那个地区的日军情况，为了使他开口，朱可夫给他半杯伏特加酒。

俘虏看了看这杯酒，然后说："请您先喝一口，我害怕中毒。我父亲只有我一个儿子，父亲开一个百货店，当然我是他唯一的继承人。"

朱可夫的翻译说，根据日军当局发给士兵的"手册"，士兵应当口喊"万岁"英勇地死去。俘虏笑了笑说："父亲嘱咐我，要活着回去，而不是死了回去。"

尽管日军进行了顽强的抵抗，宁愿战死也不投降，但苏军仍然仅用了10天时间，就将侵入蒙古边界的日本第六集团军全部歼灭。苏军在哈勒哈河战役的伤亡约10000人，而日军的伤亡人数超过50000人。哈勒哈河战役大大提高了朱可夫的声誉。

苏联政府为了表彰苏军反击日本侵略者的杰出功绩，授予其中70人以苏联英雄称号。朱可夫当然名列其中。

　　打败日本军队以后，苏联人开始大谈特谈苏联已成功地拥有使用步兵、炮兵、装甲兵和空军协同作战的新型军队。日本人不得不承认："迄今为止，我们并不了解苏联已将其摩托化部队装备到何种程度"，而且这一出乎意料的事态发展使他们大为震惊。

　　在这次战役中，俄国人已经向日本人证明了：苏联大多数地面部队，特别是炮兵和装甲兵，在火力和机械化程度方面远远超过日军。日本人对于苏联向远距离输送并储存作战物资的能力感到万分惊讶。

　　另一个出人意料之处是苏联人就地取材解决问题的能力。比如：在先前的战斗中，俄国坦克很容易被日军投出的汽油燃烧瓶

▲朱可夫在诺门罕战役中

击中着火。

　　不久以后，苏联人开始用柴油作燃料，而且在坦克外面罩上铁丝网，这两项措施就使燃烧瓶不大容易击中这些坦克了。但是，俄国军队并没有丧失它传统的优秀品质，特别是它的顽强精神。

　　朱可夫经受住了哈勒欣河战役的严峻考验。他和他的部队表现出超乎寻常的顽强，而且一些军事理论和装备在实战条件下得到切实的应用。朱可夫回到莫斯科，备受嘉奖和礼遇，苏联政府自豪地赞誉着朱可夫的伟大成就。

出任苏军总参谋长

1940年5月初，朱可夫接到莫斯科的命令，命他去人民委员部另行分配工作。

当朱可夫到达莫斯科时，苏维埃政府颁布命令，朱可夫晋升为大将军衔。几天后，斯大林亲自接见了朱可夫，并任命他为基辅特别军区的司令员。

朱可夫以前没有机会见到斯大林，因此在被接见时，他感到非常激动。在接见的房间里，除斯大林外，还有加里宁、莫洛托夫和其他政治局委员。

斯大林向朱可夫问好后，抽着烟斗，随即问朱可夫："你认为日军怎么样？"

朱可夫回答："与我们在哈勒哈河作战的日军士兵训练不错，特别是近战。他们守纪律，执行命令坚决，作战顽强，特别是防御战。下级指挥人员受过很好的训练，作战异常顽强，一般不会投降，'剖腹'自杀时毫不迟疑。军官，特别是中高级军官，训练差，主动性差，习惯于墨守成规。"

见斯大林在认真地听着，朱可夫接着说："至于日军的技术装备，我认为是落后的。日军的坦克相当于我们的MC-1式坦克，非常落后，武器很差，最大行程小。应当说，在战役初期，日军的空军比我们强。在我们还没有得到改装的'欧'型和伊-16以前，他们的飞机比我们的优越。在以斯穆什克维奇为首的一队荣获苏联英雄的飞行员到来以后，制空权就很牢靠地掌握在我们手中。应当指出，与我们作战的是日本的精锐部队，是所谓的皇军。"

▲斯大林和朱可夫

斯大林很认真地听朱可夫所说的一切，然后他问道："我们的部队打得怎么样？"

朱可夫说："我们的正规部队打得很好。"看得出，斯大林在很注意地听，于是朱可夫继续说道："对于我们所有的部队、兵团指挥员、部队指挥员和我本人，哈勒哈河的战斗是一个学习战斗经验的好机会。我认为，日本方面如今对于红军的力量和作

战能力，也得出了一个比较正确的结论。"

斯大林微笑着说："现在你已经有作战经验了。你到基辅军区去，利用自己的经验训练部队。"

朱可夫在蒙古共和国的时候，他没有机会仔细研究德国与英法集团之间的战斗行动的过程。利用这个难得的机会，朱可夫问斯大林："如何理解西方战争的极端消极性？下一步战事将会如何发展？"

斯大林笑着说："以法拉第为首的法国政府和以张伯伦为首的英国政府，不愿认真对希特勒作战。他们仍然希望怂恿希特勒同苏联作战。1939年，他们拒绝同我们建立反希特勒同盟，他们不想束缚住希特勒侵略苏联的手脚。但这对他们没有什么好处，他们自己得为这种近视的政策付出代价。"

朱可夫回到旅馆后，久久不能入睡，这次谈话时的情景总是萦绕在他的脑际。

在回忆录中，朱可夫这样写道：

斯大林的外表，他那低沉的声音，对问题深刻和具体的分析，渊博的军事知识，听取报告时那样聚精会神，这一切都给我留下了深刻的印象。

这次会谈后不久，朱可夫就去了基辅特别军区任职。在短期内，朱可夫熟悉了军区的其他领导干部。

在熟悉了军区的情况以后，朱可夫去拜访了乌克兰党中央委员会书记。朱可夫向他们谈了苏军在哈勒哈河粉碎日军第六集团军的情况，以及他对基辅军区的初步印象。随后，朱可夫请求他们在军区的物质生活保障方面给予帮助。

在1940年6月，朱可夫走遍了军区几乎所有的部队和兵团。然后，他同军区司令部在捷尔诺波尔、利沃夫、弗拉基米尔—沃伦斯基、杜布诺地域，进行了大规模的带通信工具的首长——司令部野外作业。就在这一带，一年以后，也就是1941年，德国人根据"巴巴罗萨计划"，对乌克兰实施了主要突击。

1940年夏秋两季，基辅特别军区的部队进行了紧张的战斗培训。部队学习了红军与芬兰军队作战，以及与日军在哈勒哈河作战所取得的战术经验。在训练中，也考虑了法西斯德军进攻一系列欧洲国家时的作战经验。当时，第二次世界大战已在紧张的进行。

整个夏天，朱可夫和军区军事委员鲍里索夫、训练部和作战部部长，都是在部队中度过的。他们主要注意指挥人员、司令部和各兵种部队的野外训练。

1940年9月底，朱可夫接到总参谋部的通知，根据党中央的指示，12月于莫斯科召开高级指挥员会议。指定朱可夫在会上做题为《现代进攻战役特点》的报告。此外，还要进行大规模的战

役战略演习，指定朱可夫为演习中的"蓝"方。国防人民委员要求11月1日前交出报告草稿。

由于作报告的题目很复杂，会议的水平很高，所以朱可夫花了整整一个月的时间，昼夜工作，来起草这一报告。军区司令部作战部的巴格拉米扬，在这方面给了朱可夫很大的帮助。

按规定时间，朱可夫撰写的报告草稿送交国防人民委员。两星期后，总参谋长梅列茨科夫打电话通知他，他的报告草稿领导已经批准，要他做好发言的准备。

1940年12月底，会议开始。朱可夫所作的报告《现代进攻战役特点》获得好评。参加会议的人还做了一系列的补充和批评。

会议结束后的第二天，原定进行一次大型演习，但出乎意外地被召集去见斯大林。斯大林接见朱可夫他们时相当冷淡，略微点头打了一个招呼，就让他们在桌子旁边坐下。

斯大林问道："你们的演习什么时候开始？"

铁木辛哥回答说："明天早晨。"

"那好，你们进行吧。但是司令员们先不要走。谁充当'蓝'方，谁充当'红'方？"斯大林问。

"朱可夫大将充当'蓝'方，巴甫洛夫上将充当'红'方。"铁木辛哥回答。

第二天一早就开始了大规模的战役战略演习。作为战略情况基础而假设的事件是：在苏联遭到德国进攻时，西部边界可能发生的情况。

演习结束后，在克里姆林宫进行了总讲评。在会上，朱可夫主动请求发言。朱可夫说：

　　这类演习，对于提高高级指挥人员的战役战略水平是很有价值的。我建议，尽管演习组织起来很复杂，还是应当常常举行这类演习。为了提高军区和集团军司令员及参谋人员的军事素养，必须在国防人民委员和总参谋部的领导下，开始演练大规模的带通信器材的首长——司令部野外演习。

然后，朱可夫还谈到了白俄罗斯的筑垒地域的构筑问题。他说："我认为，白俄罗斯现有的筑垒地区距离边界太近，并且它们的布局，特别是在比亚韦斯托克突击部，在作战中非常不利。敌人可以从布列斯特和苏瓦乌基地域，突击我比亚韦斯托克军队的后方。同时，筑垒地区的纵深很小，不可能坚持很久，因为敌人的炮火可以达到全部纵深。我认为，必须在高边界较深远的地方构筑筑垒地区。"

在演习讲评的第二天，斯大林召见了朱可夫。

相互问候之后，斯大林说："政治局决定解除梅列茨科夫的总参谋长的职务，任命你接替他。"

这个决定完全出乎朱可夫的意料，他不知道如何回答。沉默了一会儿，朱可夫说："我从没有在司令部工作过，我一直在部队里，总参谋长我干不了。"

"政治局决定任命你。"斯大林说。"决定"一词说得特重。

朱可夫在明白任何反对都无济于事时，他表示感谢对他的信任，然后说："好吧，如果发现我不是一个称职的总参谋长时，我将请求返回部队。"

"好吧，就这样说定了！明天中央颁布命令。"斯大林说。

一刻钟后，朱可夫来到国防人民委员铁木辛哥身边。他微笑着对朱可夫说："我听说了，你拒绝担任总参谋长的职务。刚才斯大林同志给我打电话了。现在你回军区去，然后尽快返回莫斯科。基尔波诺斯上将接替你任军区司令员，但你不必等他，暂时让军区参谋长普尔卡耶夫代理司令员职务。"

当晚，朱可夫就动身去基辅，以便尽快回到莫斯科。一路上，朱可夫的心情都很沉重。在回忆录中，朱可夫这样写道：

> 我一直很喜爱乌克兰和古老美丽的基辅。乌克兰人民对我很尊重、很信任，推选我为乌克兰最高苏维埃代表和苏联最高苏维埃代表。
>
> 乌克兰党中央对军区部队的演习、教育和生活供应

给了很大的帮助。

在这段话中，流露出朱可夫对基辅的热爱和依依不舍的心情。

国防人民委员从莫斯科几次打来电话，要朱可夫尽快结束军区的工作。因此，他在基辅没有待多久，1月31日就到了莫斯科。第二天，朱可夫就接替了梅列茨科夫大将的工作，担任总参谋长的职务。

投入战前部署工作

1941年2月1日，朱可夫大将正式出任苏军总参谋长。

在整个2月份，朱可夫都在忙于仔细研究与总参谋部活动有直接关系的档案材料。每天工作15到16个小时，常常在办公室过夜。

朱可夫到任时，担任第一副总参谋长的是瓦杜丁中将，他是一个工作非常勤奋、很有战略头脑的指挥员。

负责组织编制的副总参谋长是索科洛夫斯基中将，是一位具有很高天赋和很大潜力的将才。此外，还有华西列夫斯基少将，是位帅才，后来担任了总参谋长。另外还有马兰金少将等一批有才干的、果断的军官。在这些得力助手的帮助下，朱可夫一到位就立即投入到紧张的工作中。

经过研究，朱可夫高度紧张起来了。他发现，红军军训部和各军兵种司令部在最近两年中，出版发行了几十种重要的条令和规范，却没有全部在部队中得到贯彻。此外，大量德军集结在东普鲁士、波兰和巴尔干，但西部各军区却缺乏足够的战斗准备。

在全面考虑了这些问题后，朱可夫与瓦杜丁一起，向国防人民委员详细报告了苏军组织编制和战斗准备方面的缺点，以及动员储备品的情况，特别是炮弹和航空炸弹的情况。此外，还指出工业来不及完成苏军的技术兵器的订货。

在一个星期六的晚上，朱可夫随身带了一份准备汇报的问题清单，来到斯大林的别墅。铁木辛哥元帅和库利克元帅早已在那里了。在场的还有几位政治局委员。

斯大林同朱可夫打过招呼以后，问他见过火箭炮没有。

▲1940年，升任红军总参谋长的朱可夫大将

朱可夫回答说："只听说过，但没有见到。"

"哦，那么最近你应当同铁木辛哥、库利克和阿博连科夫去靶场看一看火箭炮射击。现在就请你向我们谈谈总参谋部的工作吧。"

于是，朱可夫就把向人民委员报告过的内容，简要地重复了一遍。他说，鉴于复杂的军事和政治形势，必须采取紧急措施，及时克服西部边境防御和军队中存在的缺点。

莫洛托夫打断朱可夫的话说："怎么，你认为我们很快要同德国人打仗吗？"

"等一等！"斯大林阻止了莫洛托夫。

斯大林听完报告以后，请所有的人进餐。中断了的谈话又继续谈下去。斯大林问朱可夫对德国空军有什么看法。

朱可夫说："德国人有一支不错的空军。他们的飞行人员在同陆军协同作战方面，受过很好的实际锻炼。至于飞机，我们的新式歼击机和轰炸机丝毫不比德国人的差，甚至还要好一些。可惜的是这种飞机太少了。"

"歼击机尤其少。"铁木辛哥补充说。

最后，斯大林说，应当认真研究一下那些最急迫的问题，提交政府作出决定。但是应当依据现实的可能性，而不要去空想那些物质条件暂时还不允许的东西。

1941年2月15日至20日，苏共召开了第十八次代表大会。朱可夫参加了会议，并当选为中央委员会候补委员。

会议通过了苏联和平时期最后一个国民经济计划，要求国防工业在1941年有很大发展。

此时，国际形势更加复杂，对苏军进行改革的要求也更加紧迫。战争威胁在日益迫近，国防人民委员部领导人员的工作也越来越紧张。国防人民委员部和总参谋部的领导人，特别是铁木辛哥元帅，这时期一昼夜工作18至19个小时，常常通宵达旦地在办公室里。

1941年6月13日，铁木辛哥当着朱可夫的面打电话给斯大林，要求批准下令边境军区部队进入战斗准备，并根据掩护计划展开第一梯队。

斯大林回答说："让我们再考虑一下。"第二天，朱可夫和铁木辛哥到斯大林那里，向他报告情况，请求必须使部队进入一级战备状态。

斯大林说："你们要进行全国动员，立即把部队调往西部边境吗？这就是战争！你们懂不懂？"后来，斯大林又问道："我们在波罗的海沿岸军区、西部军区、基辅军区和敖德萨军区部署了多少个师？"

铁木辛哥向他报告，截至6月1日，西部边境4个军区总共有149个师和一个独立步兵旅。

其中：波罗的海沿岸军区有19个步兵师，4个坦克师，2个摩

托化师，1个独立旅；西部军区有24个步兵师，12个坦克师，6个摩托化师，2个骑兵师；基辅军区有32个步兵师，16个坦克师，8个摩托化师，2个骑兵师；敖德萨军区有13个步兵师，4个坦克师，两个摩托化师，3个骑兵师。

"你看，难道还少吗？根据我们的情报，德国人还没有这么多的部队。"斯大林说。

朱可夫说："根据情报，德国师是按战时编制齐装满员的。一个师编有1.4万至1.6万人。而我们的师，还是8000人的师，人数实际上比德国师少一半。"

斯大林说："不能完全相信侦察。"

朱可夫和铁木辛哥心情沉重地离开了克里姆林宫。

朱可夫决定步行一会。此时，他的心情很不舒畅。一群孩子在克里姆林宫旁的亚历山德罗夫花园里嬉闹着。他想起了自己的女儿。他深切地感到，自己和所有的军人们，对所有的孩子，对他们的未来，对整个国家，肩负着多么重大的责任！

为了不给德国以挑动战争的借口，苏联国防人民委员、总参谋部和各边境军区司令员得到警告，要亲自对苏军行动不慎可能引起的后果负责。不经斯大林批准，绝对不能将军队按掩护计划向前线作任何移动。

国防人民委员铁木辛哥向各军区司令员建议，向边境方向举行兵团战术演习，使军队向掩护计划规定的展开地域靠近。这个建议各个军区都实行了，但有一个重大的缺陷，就是大部分炮兵都未参加此次演习。因为在1941年初，师属和军属炮兵、高射炮兵还没有完成射击训练，没有做好完成战斗任务的准备。因此，各军区司令员决定将部分炮兵派往靶场打靶。

结果，掩护部队中有些师和军在法西斯德国进攻时，处在大部分炮兵都不在的情况之下。

6月21日晚上，基辅军区参谋长普尔卡耶夫中将用电话向朱可夫报告，有一个德军司务长向苏边防部队投诚，据他供称，德军正在进入出发地域，将在22日晨发动进攻。

朱可夫立即把普尔卡耶夫讲的内容，向国防人民委员和斯大林作了报告。斯大林说："你同国防人民委员到克里姆林宫来吧。"朱可夫随即带上给部队的命令草稿，同国防人民委员和瓦杜丁中将一起前往克里姆林宫。他们在路上商定，无论如何也要做出使部队进入战斗准备的决定。

斯大林一个人接见了朱可夫他们。他看上去显然很忧虑。

斯大林问道："这个投诚者不会是德国将军为了挑起冲突而派来的吧？"

铁木辛哥回答说："不是。我认为投诚者说的是实话。"这时，政治局委员们走进斯大林办公室里。斯大林简要地向他们说明了情况。

斯大林问："我该怎么办呢？"没有人回答他。

"应该立即命令边境军区所有部队进入一级战斗准备。"国防人民委员说。

斯大林说:"把命令读一下!"

于是朱可夫把命令草稿读了一遍。斯大林说:"现在下达这样的命令还太早,也许问题还可以和平解决。命令要简短,指出袭击可能从德军的挑衅行动开始。边境军区部队不要受任何挑衅的影响,以免问题复杂化。"

为了抓紧时间,朱可夫和瓦杜丁到另一个房间,迅速起草了国防人民委员的命令草稿,然后回到办公室请求报告。

斯大林听完报告草稿后,又亲自读了一遍,作了某些改动,然后交给国防人民委员签字。命令全文如下:

　　列宁格勒军区、波罗的海沿岸特别军区、西部特别军区、基辅特别军区、敖德萨军区军事委员会:

　　抄送:海军人民委员

　　1.1941年6月22日到23日,德军可能在列宁格勒军区、波罗的海沿岸特别军区、西部特别军区、基辅特别军区、敖德萨军区正面实施突然袭击。袭击可能从挑衅行动开始。

　　2.我军的任务是:不受任何挑衅行动的影响,以免使问题复杂化。与此同时,列宁格勒、波罗的海沿岸、西部、基辅、敖德萨各军区部队进入一级战斗准备，以防德军或其盟军可能的突然袭击。

3.命令：

（1）1941年6月21日夜间，隐蔽占领国境筑垒地域各发射点；

（2）1941年6月22日拂晓前，将全部飞机、包括陆军航空兵的飞机，分散到各野战机场，并加以周密伪装；

（3）所有部队进入战斗准备，军队应分散、伪装；

（4）防空部队不待补充兵员到达，立即进入战斗准备，城市和目标地区应采取灯火管制的一切措施；

（5）在没有特别命令的情况下，不得采取任何其他措施。

铁木辛哥 朱可夫

1941年6月21日

朱可夫和铁木辛哥怀着一种非常复杂的矛盾心情，从斯大林那里回来。此时，天早已经黑了，6月21日这一天即将过去。二人来到国防人民委员部的门口，谁也没有作声，但朱可夫感到铁木辛哥也有着同样一种不安的心情。

稳定西部战局

　　1941年6月21日夜间，总参谋部和国防人民委员会全体工作人员奉命坚守在工作岗位上。朱可夫和铁木辛哥不断地同各军区司令员和参谋长进行通话，他们报告说国境外面嘈杂的声音越来越大。这些消息是他们从边防部队和掩护部队的先头部队得到的。

　　6月21日24时，基辅军区司令员基尔波诺斯，从设在捷尔诺波尔的指挥所通过高频电话报告，又一个德国兵投向苏军，他是步兵第七十四师第二二二团的士兵。这个德军士兵渡河，向苏边防部队报告说，德军将在4时开始进攻。朱可夫命令基尔波诺斯尽快把做好战斗准备的命令转达给各部队。

　　6月22日凌晨3时7分，黑海舰队司令奥克佳布里斯基上将，用高频电话向朱可夫报告："根据舰队对空情报部门报告，大批不明来历的飞机正飞近我岸，舰队已做好充分战斗准备。请指示。"

朱可夫问奥克佳布里斯基上将："你们的决定是什么？"

"决定只一条：用舰队防空火力截击来犯机群。"奥克佳布里斯基回答。朱可夫随即和铁木辛哥交换了一下意见，然后答复他说："执行吧，并向海军人民委员报告一下。"

3时30分，西部军区参谋长克利莫夫斯基赫将军报告，德国飞机空袭白俄罗斯的城市；三分钟后，基辅军区参谋长普尔卡耶夫将军报告，乌克兰的城市遭到空袭；3时40分，波罗的海沿岸军区司令库兹涅佐夫将军报告，敌机空袭考那斯和其他城市。

国防人民委员命令朱可夫给斯大林打电话。朱可夫向斯大林报告了情况，请求允许开始还击。斯大林沉默不语，朱可夫只听见他的呼吸声。

"您听懂我的意思吗？"朱可夫问。依旧是沉默。终于，斯大林问道："国防人民委员在哪里？"

"在同基辅军区通电话。"朱可夫回答。

"你和铁木辛哥到克里姆林宫来。告诉波斯克列贝舍夫，让他召集全体政治局委员。"斯大林说。

4时，朱可夫又和奥克佳布里斯基通话。他镇定地向朱可夫报告："敌人的空袭被打退。攻击我舰艇的企图被粉碎，但城市遭到了破坏。"奥克佳布里斯基上将是第一批实行有组织抵抗的军团之一。

4时10分，西部特别军区和波罗的海沿岸特别军区报告，德军开始在该军区的各地段采取地面行动。

4时30分，朱可夫和铁木辛哥来到克里姆林宫。全体政治局委员已经到齐。朱可夫和国防人民委员被邀请去办公室。

只见斯大林脸色苍白地坐在桌旁，手里拿着装满烟的烟斗。他说："应该立刻给德国使馆打电话。"

使馆答复说，大使冯·舒伦布格勋爵请求接见，他带来紧急通知。莫洛托夫负责接待大使。

这时，第一副总长瓦杜丁转告说，经过猛烈的轰击后，德国陆军已在西北和西部方向许多地段向苏军进攻。

过了一会儿，莫洛托夫匆匆走进办公室说："德国政府已向

▲1941年6月21日，德军坦克摩托化部队突然入侵苏联

我国宣战。"斯大林默默地坐到椅子上，沉思起来。此时，出现了一阵长长的、令人难以忍受的沉默。

朱可夫打破沉默，建议立即用各边境军区所有兵力猛攻入侵的敌军，制止其继续前进。

"不是制止，而是消灭。"铁木辛哥补充说。

"下命令吧。"斯大林说。

6月22日7时15分，国防人民委员的第二号命令被转发各军区。但由于力量对比和严重的局势，这一命令是不现实的，因此未被执行。

大约9时，铁木辛哥打电话给斯大林，要求去克里姆林宫向他报告苏联最高苏维埃主席团，关于实行全国动员和成立统帅部的命令草稿和许多其他问题。

铁木辛哥报告了成立最高统帅部的草案。斯大林把实行动员的命令草稿看了一遍，对总参提出的动员范围做了一些压缩，然后把命令交给波斯克列贝舍夫报送最高苏维埃主席团批准。随即，苏联政府发布全国动员令。

6月22日13时左右，斯大林给朱可夫打电话说："我们各个方面军司令员缺乏足够的作战指挥经验，看来有点发慌。政治局决定派你到西南方面军担任统帅部代表。还准备让沙波什尼科夫和库利克去西方方面军。他们已到我这里接受指示。你必须立即飞往基辅，再会同赫鲁晓夫到设在捷尔诺波尔方面军司令部

去。"

朱可夫问道："在目前这种复杂的情况下，由谁来领导总参谋部？"

斯大林答道："把瓦杜丁留下吧。"接着，斯大林微带怒气地补充说："请你抓紧时间，我们这里好歹可以对付。"

朱可夫随即给家里打了个电话，让他们不要等他了。40分钟后，朱可夫就搭上了飞往基辅的飞机。上了飞机他才想起来，自己从昨天起就没有吃任何东西了。这时，飞行员帮了朱可夫的大忙，他们招待他喝浓茶、吃面包。

在6月22日黄昏时分，朱可夫赶到了位于基辅乌克兰共产党中央委员会大楼。赫鲁晓夫正在等他。见面后，赫鲁晓夫对他说："再往前飞有危险。德军飞行员追逐运输机，应当坐车去。"朱可夫听从了赫鲁晓夫的安排。随后，朱可夫乘车到塔尔诺波尔，西南方面军司令员基尔波塔斯上将的指挥所就设在那里。

到达指挥所时，已是深夜。朱可夫立刻与瓦杜丁通了电话。

瓦杜丁报告说："到今日日终，尽管采取了有力措施，总参谋部仍无法从各方面军、集团军和空军司令部，获得关于我军和敌人的准确情报。"

6月23日9时，朱可夫来到机械化第八军军长利亚贝舍夫中将的指挥所。利亚贝舍夫拿着地图，向朱可夫报告了部署。这时，传来了一阵德国俯冲轰炸机特有的尖叫声和随之而来的炸弹爆炸声。朱可夫看到利亚贝舍夫和在场的军官们,都在全神贯注地工作着,就像在野外演习时一样。

朱可夫感到很高兴,心想:"真是好样的,有了这些人,我们是不会打输的。"随后,朱可夫和利亚贝舍夫就一些原则性问题谈妥后,于傍晚回到了捷尔诺波尔方面军的指挥所。

6月24日,利亚贝舍夫指挥的机械化第八军在别列斯捷奇科方向转入进攻,机械化第十五军在拉杰霍夫以东进攻。这两个军的出色战斗,使德军第一装甲集团群的第四十八摩托化军陷入危急的境地。德军统帅部调动了全部空军到这一地域抗击苏军的反突击,才使第四十八摩托化军免予被粉碎。德军不得不增派第四十四军及其他部队,以对抗苏军部队的反突击。

德国陆军总参谋长在这一天的日记里写道:

> 敌人不断地从纵深增调生力军来对付我们的坦克楔子。不出所料,敌人以大量坦克兵力在第一坦克集群的南翼转入进攻。个别阶段发现有部队移动。

6月26日,斯大林给正在捷尔诺波尔西南方面军指挥所的朱可夫打电话说:"西方方面军形势严重,敌人逼近明斯克。我不明白帕夫洛夫是怎么啦,库利克元帅不知道在哪里,沙波什尼科

夫元帅生病了。你能不能马上飞到莫斯科来？"

朱可夫回答说："我马上就去同基尔波诺斯和普尔卡耶夫谈谈下一步的行动，然后动身去机场。"

6月26日深夜，朱可夫飞抵莫斯科，从飞机场直接去见斯大林。在斯大林的办公室里，国防委员铁木辛哥和第一副总长瓦杜丁中将笔直地站着。两个人看上去苍白而瘦削，眼睛由于失眠而充满了血丝。斯大林的状态也不是很好。

斯大林同朱可夫点头问好后，说："请你一起来考虑一下，并且请你谈谈在目前情况下能够做些什么？"说罢，他随手把一张西方方面军的地图摞在桌上。

朱可夫说："我们需要40分钟把情况研究一下。"

斯大林说："好吧，40分钟后再向我报告。"随后，朱可夫他们走进隔壁的一个房间，开始讨论西方方面军的形势和苏军的能力。

此时，西方方面军的形势已十分严重。第三、第十集团军余部被合围于明斯克以西，进行力量悬殊的战斗。第四集团军的某些部队已退入普里皮亚特森林中。这支疲弱的军队，受到了强大敌军集团的追击。

朱可夫他们在讨论过形势之后，除了建议使用第十三、第十九、第二十、第二十一和第二十二集团军，立即在西德维纳—波洛茨克—维捷布斯克—奥尔沙—莫吉廖夫—莫济里一线占领防御以外，拿不出更好的办法。另外，使用统帅部预备队的第二十四和第二十八集团军，立即着手在后方地域，沿谢利扎罗沃—斯摩棱斯克—罗斯拉夫利—戈梅利一线构筑防御。除此之外，朱可夫他们还建议立即由莫斯科民兵师再组建二至三个集团军。

这些建议都得到了斯大林的批准，并立即发出了相应的命令。但不幸的是，该方向战局继续恶化，明斯克失守。30日，苏联组建以斯大林为首的国防委员会。

7月3日，斯大林代表苏共中央发表广播演讲：

> 我们的祖国面临着严重的危机！这是苏维埃国家生死存亡的关键，是苏联人民生死存亡的问题，是苏联人民享受自由还是沦为奴隶的问题……一切为了前线！一切为了胜利！

"一切为了前线！一切为了胜利！"这个口号，使每个苏联人看到了危险。

在总参谋部，朱可夫同一些将被派往敌后执行侦察和破坏任务的共青团员谈话。他没能记下他们的名字，但是同他们见面的情景却一直没有忘怀。

在回忆录中，朱可夫这样写道：

> 7月上旬，正是敌人占领了明斯克，并进逼别列津

纳河的时候，决定向敌后明斯克地区空投一个侦察破坏小组。小组由两个姑娘和两个小伙子组成，都是共青团员，操着很好的德语。

如果我记得不错的话，这两个姑娘是外语学院的学生。他们是莫斯科人。我问他们飞往敌后怕不怕，他们交换了一个眼色，微笑着回答说："当然有点害怕。如果我们在着陆时被抓住，那就糟糕了。而如果那个时候不被抓住，那就一切都会好的。"

朱可夫对这些为了祖国的召唤，从事危险而困难的工作的青年人感到由衷的敬佩。

1941年7月，苏军在各个战略方向上的形势不断恶化。7月下半月，斯摩棱斯克及其以东地区的战斗更加激烈。德军遇到了苏军的全线抵抗。

7月23日，苏第二十八集团军从罗斯拉夫尔地区开始进攻。24日，第三十和第二十四集团军从亚尔策沃地区开始进攻。第十六、第二十集团军开始从南北两面迂回斯摩棱斯克。德军看到形势不好，于是立即调来大批的增援部队，企图实施反包围，消灭进入合围的苏第十六、第二十集团军。

朱可夫奉命在极其不利的形势下，组织了争夺斯摩棱斯克的战役。经过这次激烈的会战，德军损失了25万人。由于此次战役的胜利，苏军赢得了在莫斯科方向部署防御的时间。

攻占叶利尼亚

斯摩棱斯克会战的结局，对此后战争的进程具有着重要的意义。对在西方轻而易举取胜习以为常的希特勒军官、将官甚至士兵们，此时开始产生疑虑和失望的情绪，而苏军的士气则日益高涨。

在总参谋部，朱可夫与作战部长兹洛宾将军、华西列夫斯基将军以及其他负责人一起，在讨论了当前的形势之后，得出一个总的结论：认为敌人未必敢冒险在近期内进攻莫斯科。敌人没有做好这一进攻战役的准备，因为他们没有具备足够数量和质量的突击兵力。

朱可夫经过对所有情况和苏军兵力兵器的再三权衡和计算，深信他们的预见是正确的。于是决定立即报告最高统帅，以便采取必要的对策，行动一定要快。

1941年7月29日，朱可夫打电话给斯大林请求接见，有紧急

情况向他报告。10分钟后，朱可夫见到了斯大林。朱可夫把带去的地图在桌子上展开，详细报告情况，从西北方向一直讲到西南方向。

斯大林仔细地听着。他停止了踱步，来到桌前微微俯身，仔细察看地图和图上的各种细小的注记。

"你从哪里知道德军将如何行动？"站在一旁的苏军总政治部主任麦赫利斯突然生硬地插了一句。

"我不知道德军的行动计划，"朱可夫回答说，"但是根据对情况的分析，他们只能这样，而不会有别的做法。我们的推测是，根据对敌兵集团首先是装甲坦克和机械化部队的状况和部署的分析作出的。"

"继续讲下去吧。"斯大林说。

朱可夫接着说："莫斯科战略方向的德军，近期不可能实施大规模进攻战役，因为他们的损失太大。他们现在缺少大量预备队来补充各集团军和保障中央集团军群两翼的部队。"

"我们认为，在乌克兰，主要战斗可能在第聂伯罗彼得罗夫斯克、克列缅丘格地区某地展开，因为敌南方集团军群装甲坦克部队主力已抵达该地区。"

"我军防御最薄弱和危险的地段是中央方面军。掩护乌涅恰和戈梅列方向的第十三和第二十一集团军人员太少，装备也不足。德军可能会利用这个薄弱点，向扼守基辅地区的西南方面军翼侧和后方实施突击。"

"你的建议是什么？"斯大林警觉起来。

"首先加强中央方面军，至少给它增加三个得到炮兵加强的集团军：从西部方面抽调一个集团军，从西南方面军抽调一个集团军，从统帅部预备队抽调一个集团军。委任一位经验丰富的能干的方面军司令员。具体地说，我建议由瓦杜丁担任。"

"怎么？你认为可以削弱莫斯科方向吗？"斯大林问。

"不，不是这样。我们认为，这个方向的敌人暂时不会前进，而12至15天以后，我们能从远东抽调至少八个战斗力很强的师，其中包括一个坦克师。这样就不是削弱而是加强莫斯科方

▲朱可夫在库尔斯克

向。西南方面军必须全部撤过第聂伯河。在中央方面军和西南方面军的接合部后面，应集中至少五个加强师的预备队。它将成为我们的拳头，伺机出击。"朱可夫说。

"基辅怎么办？"斯大林凝视着朱可夫问。

朱可夫知道，放弃基辅对斯大林，对所有苏联人意味着什么。但他告诫自己，不能感情用事，作为总参谋长，自己有责任建议采取在总参谋部和他本人看来当前唯一可能的和唯一正确的战略决定。

"基辅不得不放弃。"朱可夫断然回答。

接下来是一阵难堪的沉寂，朱可夫努力控制住自己，继续汇报说："在西部方向需要马上组织反击，以夺回敌人占领的叶利尼亚突出部。敌人将来可能利用这个桥头堡来进攻莫斯科。"

"哪里还有什么反突击，真是胡说八道！"斯大林大怒，他突然高声说："把基辅交给敌人，亏你想得出来！"

朱可夫忍不住说道："如果您认为我这个总参谋长只会胡说八道，那么还要他干什么。我请求解除我的总参谋长职务，把我派到前线去。我在那里可能对祖国更有好处一些。"

又是一阵难堪的沉寂。最后，斯大林说了一句："请你冷静些，再说如果你这样提出问题，那么我们缺了你也能行。"

朱可夫说："我是一个军人，准备执行最高统帅部的任何决定。但是，我对形势和作战方法有清醒的看法，相信这个看法是正确的。而且，我和总参谋部怎样想的，我就怎么汇报。"

斯大林没有打断他的话，但已经息怒了，他平静地说道："你去工作吧，我们一会儿叫你来。"朱可夫收起地图，怀着沉痛的心情离开办公室。

大约过了半小时，朱可夫被叫到斯大林那里。

"是这样的，我们商量了一下，决定解除你的总参谋长职务，由沙波什尼科夫接任。他的身体确实不太好，但没有关系，我们可以帮助他。我们想叫你担任实际工作，你有在实战条件下指挥部队的丰富经验，在作战部队你肯定会发挥作用。当然，你仍然是副国防人民委员和最高统帅部成员。"斯大林说。

"命令我到什么地方去？"朱可夫问。

"你愿意到哪里？"斯大林反问道。

"我可以做任何工作。我可以指挥一个师、一个军、一个集团军，一个方面军。"朱可夫有些赌气地说。

"冷静些，冷静些。你刚才汇报说要在叶利尼亚附近组织一次战役，那就请你负责这件事吧。"

停顿了一下，斯大林又说："必须把勒热夫—维亚济马防线上的各预备队集团军的行动统一起来。我们任命你担任预备队方面军司令员。你什么时候可以动身？"

朱可夫说："一个小时之后。"

"沙波什尼科夫很快就去总参谋部，你把工作交给他以后就

可以动身。"

"我可以走了吗？"朱可夫问。

"再坐一会儿，我们一起喝会儿茶，我们还可以谈谈别的。"斯大林说，此时，他的脸上已经露出了笑容。

第二天，发布了最高统帅部的命令。

去前线的准备时间不长。不久，沙波什尼科夫就来到了总参。朱可夫把总参谋长的工作移交给他后，就动身去了预备队方面军司令部所在地格扎茨克。

当天，朱可夫和戈沃罗夫还有其他军官，一起动身到第二十四集团军司令部。该集团军的部队正在和敌军进行对射。朱可夫他们很晚才来到该集团军司令部，迎接他们的是集团军司令员拉库京和所属各兵种司令员。

第二天一早，朱可夫和拉库京一起前往叶利尼亚地区进行实地勘察。通过研究现场的情况，朱可夫发现，德军防御的火力配系还远远没有查清。因此，苏军不是对已查明的敌人真实的火力点，而是对自己推测的火力点实施炮兵和迫击炮射击。

朱可夫与集团军和各兵种司令员交换意见之后，得出结论：对这次战役的准备来说，还有大量的各个方面的工作需要做。必须增调二至三个师和炮兵部队；更深入地研究敌整个的防御配系；运送物质技术保障器材。为此，至少需要10至12天的时间。

为了不使德军觉察苏军的意图和破坏战役准备，必须对这次突击的准备工作严守秘密。

最高统帅部催朱可夫他们加速进攻的准备。从7月24日到26日苏军不顾伤亡地以一波又一波的部队冲击着德军的防御阵地。而此时，敌人的炮火也一天比一天更猛烈了，大量的重磅炮弹被倾泻到前沿阵地上。

苏军的坦克也伴随着步兵进行攻击，每当一处突破口刚被堵住，就有报告称又有地点被突破。苏军的坦克甚至出现在了叶利尼亚近郊，从而引起了后勤单位的恐慌，虽然危机重重，但是两个师的各营官兵始终骄傲地战斗着。

8月中旬，预备队方面军部队以部分兵力转入进攻，夺取了一些地区，重创了敌人。敌人被迫将两个被打得七零八落的坦克师、一个摩托化师和一个摩托化旅调走，换上步兵兵团。

叶利尼亚地区的战斗，使苏军获得了正确认识敌人防御战术的许多有教益的东西。叶利尼亚战役是朱可夫独立指挥的第一次战役，是他的战役战略能力首次在大规模对德战争中的尝试。朱可夫是怀着激动的心情，以异常审慎和认真的态度进行这次战役的组织。

最高统帅部很快发到方面军一份训令。最高统帅部的指示，与朱可夫他们向莫斯科呈报的建议是一致的。由于敌人的阵地是一个面向苏方的大突出部，朱可夫他们就决定对敌突出部两边的根部，同时实施两个指向叶利尼亚以西的相心突击，拔掉这

个钉子。

此外，朱可夫还了解到，由于古德里安第二坦克集群的主力已向南运动，敌防御纵深内没有大量的快速预备队。为使德军统帅部无法再对苏军有决定性的方向上集中力量，朱可夫决定以次要兵力，在其他一些地段上对整个叶利尼亚突出部发起进攻。

8月30日拂晓，经过短时间的炮火准备后，预备队方面军转入坚决地进攻。拉库京少将指挥的第二十四集团军实施主要突击，该集团军的部队从东北方向对叶利尼亚发起进攻。第四十三集团军的几个兵团从东南方向，与第二十四集团军的部队会师。同日，第一〇〇师与第二十四集团军其他部队一同转入进攻。

9月5日，第一〇〇师终于战胜了敌人的顽抗，深深嵌入了敌人的防御，进入敌军集团的后方道路，从而与集团军其他兵团配合，占领了城市。

敌军的残部利用夜暗，从尚未被堵死的咽喉部撤出了叶利尼亚地区，抛下了大量的尸体、伤员、被击毁的坦克和重武器。德军在叶利尼亚地区的战斗中，共计损失了五个师，死伤4.5万至4.7万人。德军为守住叶利尼亚突出部付出了高昂的代价。

9月6日，苏军最终攻占了叶利尼亚。躲避德军的居民很快就拥上了大街小巷。这是苏德开战以来，苏军取得的第一次重大胜利，极大地鼓舞了苏军的士气和斗志。

保卫列宁格勒

列宁格勒原名彼得格勒（即今圣彼得堡），它是彼得大帝于1703年建立的俄国"欧洲之窗"。第二次世界大战爆发的时候，列宁格勒拥有三百多万人口，它被称为苏联的第二首都。

列宁格勒是苏联最大的工业中心和第二大交通枢纽，共有十条铁路线贯穿其间。它还是波罗的海的一大重要港口，是苏联的红旗波罗的海舰队的重要基地。同时，列宁格勒还是一个主要的工业与文化中心。

1941年6月，德军发动了突然进攻，他们不断向这个俄国以前的首都推进，到了夏季即将结束的时候，列宁格勒的形势越来越严峻了。

德军的几个师推进到了离城市更近的地方，并且，德军第1军毫发不伤地占有了楚多沃的铁路桥和公路桥，从而切断了通往莫斯科的"十月铁路"。

八天之后，德军又攻占了托斯诺。他们继续向穆加车站、亚米若拉和伊万诺夫斯科耶挺进。经过一番激烈战斗后，德军又占领了穆加这个重要的铁路交叉点，从此，列宁格勒同俄国其他地区的最后一条铁路线也被切断了。

这时，德军的第十六集团军开始从东面包围列宁格勒，沿着涅瓦河左岸向拉多加湖方向推进。甚至在一些狭窄的地段，也投入了大批的飞机，试图冲破防线。空袭之后，德军夺取了施吕塞尔堡。

7月，希特勒决定将列宁格勒和莫斯科夷为平地，让它们变成无居民的城市。到了8月底，西北方面的德军已进逼至列宁格勒。

▲1943年9月，卫国战争期间朱可夫在指挥部

9月8日，苏军的第一师被切成了两段。当德军进抵了拉多加湖南岸，占领了施吕塞尔堡后，陆上封锁宣告完成。接着德军又开始收紧对列宁格勒的巨大的钳形包围，他们炮击市区，并且派出一批又一批轰炸机，企图粉碎俄军的抵抗。

在这个关键的时刻，伏罗希洛夫完全乱了阵脚。于是斯大林解除了他担任的列宁格勒方面军司令员职务，把他调到了国防委员会。而朱可夫大将被指派去接替了伏罗希洛夫，他再次成为了受命前去稳定东部战场每一危险地段的"消防队员"。

　　9月9日，苏总参谋长沙波什尼科夫给朱可夫发来了一份电报，叫他于当天的20点之前回到最高统帅部。但形势要求朱可夫留下来，把集团军左翼整顿好，而且他还要对集团军司令员下达一系列的战斗号令。此外，由于到莫斯科的路程也不近，所以朱可夫算了算时间，可能要迟到。

　　朱可夫稍微考虑了一下，便给总参谋长发了一份电报：

　　请报告最高统帅：因于这里的形势，我将迟到一小时。

　　在去莫斯科的途中，朱可夫一直在考虑怎么向斯大林确切地说明第二十四集团军左翼的情况，使他正确理解自己迟到的原因。

　　朱可夫在暗夜中驱车来到克里姆林宫。突然，一道刺眼的手电筒光束照到了他的脸上。汽车停下来，朱可夫认出是斯大林的卫队长弗拉西克将军。他们互相问好后，弗拉西克说："最高统帅命令我接你，并送你到他的宿舍。"

　　朱可夫下了汽车，跟在他的后面。在上楼来到斯大林的宿舍时，朱可夫还没有想好怎么解释他迟到的原因。

　　走进餐厅，朱可夫看到斯大林、莫洛托夫、谢尔巴科夫和其他苏共中央政治局的委员都在座。朱可夫说："斯大林同志，我迟到了一个小时。"

　　斯大林看看自己的表说："一小时零五分钟。"他说："请坐，如果饿的话，请先吃点东西。"

　　斯大林对朱可夫说："我们再次研究了列宁格勒的局势。敌人占领了施吕瑟尔堡，而且在9月8日轰炸了巴达耶夫食品库，毁去了大批食品储备。我们与列宁格勒的地面联系已经被切断，居民的处境很困难。芬军正从北面进攻卡累利阿地峡，得到坦克第四集群加强的德军'北方'集团军群，正从南面向列宁格勒进攻。"

　　这时，斯大林突然问朱可夫："朱可夫同志，你对莫斯科方向的形势有什么看法？"

　　朱可夫明白，是要通盘考虑各方面军的形势。朱可夫说："我认为，德国人目前肯定要大力补充自己的军队。另外，德国人如果不结束列宁格勒战役，不与芬军会合，未必能在莫斯科方向展开进攻。当然，这只是我个人意见。希特勒指挥部可能会有另外的打算和计划。但不管怎样，我们在莫斯科方向上必须随时准备进行顽强的防御。"

斯大林满意地点点头，紧接着又问道："那么，第二十四集团军打的怎么样？"

"打得很好，斯大林同志。"朱可夫回答说，"特别是步兵第一〇〇、一二七、一五三和一六一师。"

"而你，朱可夫同志，对这几个师的胜利和集团军指挥人员和政工人员的才能，有什么看法呢？"

朱可夫谈了自己的看法。斯大林注意地听他讲了15分钟，并在自己的笔记本上记了几笔。然后说："好样的！这正是我们所需要的。"

接着，斯大林又直接地对朱可夫说："你到列宁格勒去，接替伏罗希洛夫指挥方面军和波罗的海舰队。"

斯大林的话完全出乎朱可夫的意料，但他还是回答说，准备完成这一任务。

"这就很好，"斯大林说，"不过请你注意，你要飞过战线或者德国空军控制的拉多加湖，才能到达列宁格勒。"说完，斯大林默默地拿起放在桌上的便条本，有力地在上面写了几个字。

他折起便条，交给朱可夫说："你把这个便条亲手交给伏罗希洛夫同志。"只见便条上写着：

请将方面军指挥转交朱可夫，然后立即飞回莫斯科。

斯大林又补充说："最高统帅部关于你任职的命令，等你到达列宁格勒之后再下达。"朱可夫明白，在这些话里包含着对他旅途的担心。临行前，朱可夫请求最高统帅允许他带两三位将军一起去，到那里任用。

"你愿意带谁去就带谁去吧。"斯大林说。稍微停顿一会儿，他又说："西南方向的情况很糟糕，我们决定改组方面军的总指挥部。你认为应当派谁去那里？"

"铁木辛哥元帅最近一个时期，在组织作战方面受到了很大的锻炼，而且他对乌克兰又很熟悉，我建议派他去。"朱可夫说。

"看来你是对的。那么让谁接替铁木辛哥指挥西方方面军呢？"斯大林问。

"第十九集团军司令员科涅夫中将。"朱可夫说。斯大林表示同意，并立即电话指示沙波什尼科夫召回铁木辛哥元帅，任命科涅夫接任西方方面军司令员。

在朱可夫准备告别的时候，斯大林又问："关于敌人下一步的计划和可能性，你有什么看法？"

于是，朱可夫又一次有机会提请最高统帅重视乌克兰的危局。朱可夫说："当前，除列宁格勒以外，对我们来说最危险的地段是西南方面军。我认为，不久那里可能出现严重的形势。中央集团军群进入切尔尼戈—诺夫哥罗德—谢韦尔斯基地区后，可能击溃第二十一集团军而突进到西南方面军的后方。我相信，在克列缅丘格地区占领了登陆场的南方集团军群，将协同古德里安集团军协同作战。西南方面军面临严重的威胁，我再次建议立刻把全部基辅集团撤回到第聂伯河东岸，用以在科诺托普地区某处建立预备队。"

"基辅怎么办？"斯大林问道。

"斯大林同志，无论多么令人痛心，基辅也必须放弃。我们别无其他出路。"朱可夫坚定地说。

1941年9月10日早晨，天气阴沉、凉爽。朱可夫来到首都中央机场，准备飞往被围的列宁格勒。跑道上的飞机旁站着3个人，霍津中将、费久宁斯基少将和飞机机长。

机长报告说，全体机组人员已做好飞行准备。大家不约而同地看了看天空，心中暗自预测着航线上的天气。机长微笑着说："我们能钻过去！在敌军上空飞行，这样的天气最合适。"

飞机立即起飞。当时，朱可夫他们谁也没有预料到，他们所去的城市，将是一个同敌人和饥饿进行900天英勇斗争的城市。

朱可夫他们向列宁格勒的飞行，从莫斯科到拉多加湖是在下雨、云层低的气候条件下完成的。这样的天气不便于敌人歼击机起飞，所以他们就可以安心地无须掩护地飞行。但在飞抵拉多加湖附近时，天气转好了，因而不得不用一个歼击机中队掩护飞行。

在湖的上空，朱可夫他们乘坐的飞机遭到两架"美塞什密特"式飞机的追击，因而采用超低空飞行。不久，朱可夫他们在市内要塞机场安全着陆。随后，一行人急忙赶往列宁格勒方面军司令部所在地斯莫尔尼宫。

在斯莫尔尼宫进口处，门卫挡住了朱可夫他们。索取通行证，可他们谁也没有。朱可夫说出了自己的姓名，但也无用。

"将军同志，您只好等一下。"卫兵说后去找卫队长。等了约一刻钟，司令部卫队长才允许朱可夫他们进入斯莫尔尼宫。

在门口，司令员办公室的一位工作人员接待了朱可夫他们。"伏罗希洛夫同志在哪里？"朱可夫问。

"大将同志，他正在举行方面军军事委员会会议。"

"都有谁参加？"朱可夫问。

"几个集团军司令员和兵种主任、波罗的海舰队司令员，以及国家重点保护单位的负责人。"工作人员回答。

朱可夫他们走进二楼司令员办公室。在一间大屋里，10来个人坐在一张铺有红呢绒的桌旁。在与伏罗希洛夫、日丹诺夫相互问候后，朱可夫他们经允许列席会议。过了一会儿，朱可夫将斯大林的短信交给伏罗希洛夫。伏罗希洛夫默默地读完了信，轻轻点点头，将信递给日丹诺夫，继续开会。

讨论的结果是：决心保卫列宁格勒，直到流尽最后一滴血。在作出这一决定的时刻，大概每一个参加会议的人都特别强烈地感到，要胜利完成中央政治局和国防委员会赋予的任务，责任非常重大。

9月10日，在没有公布正式命令以前，遵照最高统帅的亲笔信，朱可夫就任了列宁格勒方面军司令员。

在列宁格勒期间，朱可夫日以继夜地紧张工作着，他领导士兵在被包围的城市周围修筑新的防御工事，同时，他还制定了突破德军封锁的详细计划。

作为司令员，朱可夫的所作所为使陷入困境的红军部队重新恢复了信心，鼓舞了他们，使他们坚信是可以挡住德军的猛烈进攻的。朱可夫进行着坚持不懈的努力，他的确是在生死攸关的紧要关头保卫列宁格勒的组织者。

在朱可夫到达的当天，局势变得更加紧张了。德军向第四十二集团军防御地段进行了极其猛烈的攻击。德军坦克曾突入乌里茨克，又被苏军反坦克炮兵击退到原来的位置。在坦克、航空兵和炮兵的支援下，散步兵不顾极大的伤亡，向普尔科沃高地、普希金城、科尔皮诺连续攻击。在这些激烈的交战中，第四十二集团军司令员用尽了自己的预备队。

在列宁格勒东南接近地进行防御的是拉托列夫将军指挥的编成很小的第五十五集团军，其兵力显然不足。科尔皮诺城郊战线已接近伊若拉工厂，该厂正在为前线完成军工生产任务。在党组织的号召下，共产党、团员带头参军。德国法西斯军队要在该地

域突破列宁格勒城的整个企图都以失败而告终，伊若拉人死守着阵地。

德军不顾一切地进攻。在顿斯科伊上校指挥的内务人民委员部边防部队步兵第二十一师防守的施吕瑟尔堡地域内，德军企图在波罗什—涅瓦杜布罗夫卡—英斯科杜布罗夫卡地段渡过涅瓦河。他们按照德国统帅部的命令，驱赶附近居民地的苏联妇女、儿童和老人走在德国部队的前面。为了不伤害自己人，苏军必须特别准确地对战斗队形深处的敌人进行迫击炮和炮兵射击。

敌人逼近到了列宁格勒城市附近。9月11日拂晓，敌人重新开始进攻，并且不断加强着自己的突击集团，终于在日终前占领了杜杰尔戈弗。

方面军军事委员会清楚地认识到，列宁格勒的防御形势非常危急。为了消除严重威胁，决心将方面军的最后一个预备队步兵第十师投入战斗。这是最后一个了！决心本身含有巨大的冒险性，但此时已别无选择。

9月14日晨，在短促而猛烈的炮火准备之后，步兵第十师与友邻兵团协同，在航空兵支援下，对敌人实施迅猛的突击。紧张战斗的结果，使防御恢复了原态势，敌人遭到了重大损失，放弃了索斯诺夫卡和芬兰科伊洛沃。

9月15日清晨，德军在第四十二集团军地带内再度发起进攻。敌人加强有坦克的四个师，在空中密集突击的支援下连续向前突进，以巨大伤亡为代价，将苏军的步兵第十师和第十一师击退到沃洛达尔斯科耶和乌里茨克镇南郊。在其他防御地段，该集团军击退了敌人的冲击。

为了防止德军通过乌里茨克突入列宁格勒，朱可夫将重新组建的内务人民委员部边防部队步兵第二十一师、民兵第六师，以及由水兵及各防空部队人员组成的两个步兵旅，加强给第四十二集团军。这些兵团奉命占领从芬兰湾海岸起经利戈沃、米亚索科姆比纳特、雷巴茨科耶到涅瓦河一线城市筑垒地区的外廓。

由于采取了这一措施，第四十二集团军建立了强大的第二梯队，构成了防御的战术纵深，这一点特别有利于提高防御的稳定性和牢不可破性。

9月17日，列宁格勒城下的战斗已达到高度紧张的状态。这天，敌人的六个师在北方集团军群大批航空兵的支援下，发动了新一轮的进攻，德军企图从南面突入列宁格勒。城市保卫者顽强捍卫着每一寸土地，不断地反击敌人。列宁格勒方面军和波罗的海舰队的炮兵，对敌进攻部队进行了猛烈地炮击，航空兵适时地给予了地面部队提供了空中支援。

方面军军事委员会认为当前局势极为危险，于是在9月17日，向第四十二和第五十五集团军军事委员会发出了极其严厉的命令："利戈沃——基斯基诺——上科伊罗沃，普尔科沃高地——莫斯科斯拉维扬卡地域——舒沙雷和科尔皮诺地区，对于

保卫列宁格勒具有极为重要的意义。因此在任何情况下也不能放弃。"

值得称赞的是，苏军指战员们准确地理解并极其认真地执行了这一命令。无论是大量的牺牲，还是长期过度紧张的战斗，都没有摧毁列宁格勒保卫者的士气和英雄气概。列宁格勒人、方面军和舰队的军人们，宁可在同敌人的斗争中死去，也决不把城市交给敌人。

朱可夫曾经说过，经常有整个炮兵营，有时甚至有整个炮兵团，都在开阔地带抢占战斗阵地，对进攻的德军进行近距离炮击，重创敌军。

朱可夫认为苏军的防御之所以牢不可破，在于他的方面军已经构筑起坚固的防御工事网，还在于对陆军及海军火炮的合理利用，同时也在于地面部队和航空兵之间的有效协同以及严密的、组织出色的城市和军队防空作战。

尽管列宁格勒每天都在遭受着猛烈的攻击，但是，在列宁格勒除了在前线与战士们并肩作战的工人外，其他的工人们始终坚守在自己的工作岗位上，他们没有忘记自己的职责。同时，他们也在更好的为前方提供保障。

从1941年7月到年底，这些工人们共生产了713辆坦克、480辆装甲车、58辆装甲火车、3000门反坦克炮、将近10000门迫击炮以及300多万枚炮弹和地雷。

1941年9月18日，希特勒的军队占领了普希金镇，进而继续向列宁格勒推进。普希金镇是俄国传奇诗人普希金曾经生活过的地方。普希金在这里创作了大量不朽的诗篇和散文作品，对于谈到普希金的名字，人们心中的敬意就会油然而生。攻占了普希金镇后，直到1944年夏天希特勒军队才被迫撤出。

9月19日，德国陆军对列宁格勒进行了连续18个小时的猛烈炮击。同时，德国空军对城市发动了6次大规模的空袭，突然出现在列宁格勒上空的轰炸机多达275架。

此时的党中央也在密切地注视着列宁格勒的局势，动员一切人力物力支援城市居民。用越野汽车、马车以及一切能用的工具，将食品、弹药、服装和药品通过拉多加湖冰道，运送到列宁格勒。

指挥保卫列宁格勒的战役，让朱可夫终生难忘。在回忆录中，朱可夫这样写道：

> 我感到无上光荣的是，在最危难的时刻，委任我指挥保卫列宁城的所有军队。在被封锁的条件下，组织同兵力兵器占极大优势之敌的斗争，这对于我后来作为方面军司令员和副最高统帅的整个工作，都是非常有益的。
>
> 1941年9月是我永生难忘的。

1941年10月初，前线的侦察员向朱可夫报告说，德军正在通过修建防空洞、掩体、碉堡、埋设地雷和其他障碍物来保护阵地。这时的敌军正在为过冬做着相应的准备。由此也可以看出方面军已经完成了任务，他们有效的阻止了纳粹侵略者对列宁格勒的进攻。

在国家的大后方，最高统帅部预备队也开始组建了。这时的敌人也逐渐丧失了他们在战争初期在武器装备和兵员数量上的优势。

为了充分利用这一有利形势，苏联最高统帅部决定在拉多加湖地区发动进攻战役，打破敌人对列宁格勒的封锁。这次战役代号为"闪电"，由斯大林格勒方面军和沃尔霍夫方面军组织实施。

战役一开始，苏军就夺回了被占领的施吕瑟尔堡和其他许多地方，敌军曾一度把那些地方构筑成为了坚固的抵抗枢纽。到了1月18日，两个方面军的突击部队胜利会师后，使得希特勒的纳粹军队对于列宁格勒严酷的封锁被打破了。

列宁格勒保卫战的胜利，其意义是空前的，它不仅坚定了苏联人民必胜的信心，打击了德军的气焰，而且牵制了德军大量的兵力，对其他方面战场形势的转变起了十分重要的作用。而朱可夫对于这个战役最终获得胜利，作出了巨大的贡献，功不可没。

正确预断莫斯科会战

1941年10月5日，苏最高统帅部转告："斯大林同志将同方面军司令员直接通话。"

朱可夫在列宁格勒方面军司令部电话室，用"博多"机通知最高统帅部："朱可夫在听电话。"

斯大林说："朱可夫同志，你能不能立即乘飞机来莫斯科？鉴于尤赫诺夫地区的预备队方面军左翼情况复杂，最高统帅部想和你商谈一下。让谁代替你呢！让霍津代替你吧。"

朱可夫说："请允许我10月6日早晨起飞。"然而，由于第五十四集团军地段出现了某些重要的情况，朱可夫10月6日未能起飞，并报告了最高统帅知悉。

傍晚，斯大林又往列宁格勒打来电话："你们那里情况怎样？敌人有什么新的行动？"

朱可夫报告说："德军的攻击减弱了。据俘虏说，德军在9

月的战斗中遭受严重损失后，在列宁格勒附近转入防御。现在敌人用炮兵和飞机对城市进行射击和轰炸。我航空侦察查明，敌人摩托化纵队和坦克纵队正在从列宁格勒地区向南大规模运动。看来，可能调往莫斯科方向。"

报告情况后，朱可夫问最高统帅，关于飞往莫斯科的指示是否仍然有效。斯大林说："有效！留下霍津或费久宁斯基将军代替你，你明天迅速乘飞机来莫斯科一趟。"

告别列宁格勒方面军军事委员会委员后，朱可夫飞往莫斯科。因为必须紧急把霍津将军派往第五十四集团军去，列宁格勒方面军的临时指挥就转交给了费久宁斯基将军。

到了莫斯科，斯大林的卫队长迎接了朱可夫，并通知他说，最高统帅病了，在他住所里工作。于是，他们立即赶往那里。

斯大林感冒了，看上去面色不好，他冷淡地接待了朱可夫。点头表示回答朱可夫的问候，然后走到地图前，指着维亚济马地区说："你看，这里的情况很严重。我无法从西方方面军和预备队方面军得到有关真实情况的详细报告。由于不了解敌人进攻的地点和部署以及我军的状况，我们不能定下任何决心。现在请你到西方方面军司令部去一趟，详细弄清那里的情况，并随时给我来电话，我等着。"

告别前，斯大林问："你认为德国人最近期间会再次进攻列宁格勒吗？"

"我想不会。敌人损失惨重，又把坦克和摩托化部队从列宁格勒地区调到了中央方向某地。敌人无力以列宁格勒地区现有的部队实施一次新的进攻战役。"朱可夫说。

　　"你认为希特勒将把从列宁格勒地区调出的坦克和摩托化部队用在哪里？"斯大林问。

　　"显然是用在莫斯科方向。自然是在补充人员和维修兵器之后。"朱可夫说。

　　与斯大林告别后，朱可夫到总参谋长沙波什尼科夫那里去，向他详细报告了列宁格勒地区12月6日的情况。

　　沙波什尼科夫说："最高统帅刚打电话来，命令给你准备好

▲莫斯科保卫战期间，朱可夫（右一）同布尔加宁、索可洛夫斯基在一起

西部方向的地图，地图马上就准备好。西方方面军首长就在8月份叶利尼亚战役时，预备队方面军司令部驻过的那个地方。"

沙波什尼科夫向朱可夫详细介绍了莫斯科方向的情况。他向朱可夫传达了最高统帅部的命令：

预备队方面军司令员：

西方方面军司令员：

根据最高统帅部的命令，兹派朱可夫大将到预备队方面军作战地区为最高统帅部代表。

最高统帅部希望你们向朱可夫同志介绍情况。今后，朱可夫同志有关各方面军部队使用和指挥问题的一切决定，必须执行。

受最高统帅部的委托。

总参谋 长沙波什尼科夫

1941年10月6日19时30分

编号2684

在等待地图时，沙波什尼科夫用浓茶招待了朱可夫。在拿到地图后，朱可夫乘车直接到西方方面军司令部去。

坐在汽车上，在手电筒光下，朱可夫察看地图，研究前线的情况和敌我双方的行动。他很想睡觉，但为了不打瞌睡，朱可夫不得不时常让司机将车子停下来，进行短距离的跑步。

朱可夫到西方方面军司令部时，已是夜间了。值班员报告说，所有的领导人员都在司令员那里开会。司令员的屋子里点着蜡烛，有点昏暗。桌子旁边坐着科涅夫、索科洛夫斯基、布尔加宁、马兰金。每一个人都是一副极疲劳的样子。

朱可夫说，他受最高统帅的委托来了解情况，而且要直接从这里用电话向他汇报。方面军作战部长马兰金中将所谈的一些最新情况，使现有的材料更加充实和明确了。

10月8日凌晨2时30分，朱可夫给斯大林打电话汇报情况。当时，斯大林还在工作。朱可夫向他报告西线情况时说："现在主要的危险是莫扎伊斯克防线上的掩护兵力薄弱，因而敌人的装甲坦克兵有可能突然出现在莫斯科附近。应尽快设法从别处抽调部队增强莫扎伊斯克防线。"

斯大林问："西方方面军的第十九和第二十集团军，以及博尔金指挥的集群在什么地方？预备队方面军的第二十四和第三十二集团军又在哪里？"

朱可夫回答说；"被合围在维亚济马以西和西南地区。"

"你打算做些什么？"斯大林问。

"现在我要去找布琼尼。"朱可夫说。

斯大林问："你知道预备队方面军的司令部在什么地方吗？"

朱可夫说："我到小雅罗斯拉韦茨地区某个地方去找。"

"好，你去找布琼尼，并从他那里立即打电话给我。"斯大林说。

此时，天下着小雨，大雾弥漫，能见度很差。10月8日早晨，朱可夫来到奥博连斯科耶车站，他看见两个从普罗特瓦河桥的一侧拉着电线的通信兵。于是，朱可夫问他们："同志们，你们给哪里拉线？"

一个大个子战士毫不在意地回答说："命令我们给哪里拉就给哪里拉。"朱可夫不得不说出自己的姓名，并说他们要找预备队方面军司令部。

那个拉电线的战士回答朱可夫说："大将同志请原谅，我们不认识您，因此那样回答了您。您已经走过了方面军司令部。它在两小时前从这里已经转移到森林的小屋子里去了，您看就在那里山上。在那里，警卫人员会告诉您往哪里走。"

得到明确方向后，朱可夫他们的汽车向后调了头。很快，朱可夫就来到了最高统帅部代表梅赫利斯的屋子里，方面军参谋长阿尼索夫少将也在那里。

朱可夫问司令员在哪里。参谋长回答说："不清楚。白天他到第四十三集团军去过。我担心布琼尼会发生什么不幸的事情。"

"你没有设法去找他吗？"朱可夫问。

"是的，已派出联络军官去找，他们还没有回来。"参谋长回答。梅赫利斯转向朱可夫问道："你来我们这里有哪些任务？"

"我是作为最高统帅部成员，受最高统帅的委托来了解情况的。"朱可夫说。

"你看，这就是我们所处的状况。现在，我正在收拢无组织地退却的人员。我们将在集合地点给他们补充武器并编成新的部队。"

从与梅赫利斯和阿尼索夫的谈话中，朱可夫对于预备队方面军和敌人的具体情况知道得很少。于是，朱可夫乘车去尤赫诺夫方向，希望在那里迅速查明部队情况。

在经过普罗特瓦河时，朱可夫想起了自己的童年时代。他对这个地区的全部地形都非常熟悉，因为朱可夫在青年时代就把这一带都走遍了。在距离预备队方面军司令部所在地奥布宁斯克十公里远的地方，是朱可夫的故乡斯特列尔科夫卡村。

此时，朱可夫不禁想：现在我的母亲、姐姐和她的4个孩子还留在那里。他们怎样？能否乘车去一趟？不，不能去，时间不允许。如果法西斯来了，他们会怎样呢？如果法西斯知道他们是红军将军的亲属，又会怎样对待他们呢？大概会枪毙他们。一有可能，一定要把他们送到莫斯科去。

两星期后，斯特列尔科夫卡村和整个乌戈德斯科—扎沃德区

都被德军占领了。幸而此时朱可夫已经派人将母亲、姐姐和她的孩子送到了莫斯科。

当朱可夫到达小雅罗斯拉韦茨市中心时，没有碰到一个人，城市好像荒废的样子。在区执行委员会大楼附近，朱可夫看到了两辆小汽车。

朱可夫把司机叫醒后，得知布琼尼在这里。他走进区执行委员会，见到了布琼尼，只见他正在看地图。朱可夫同布琼尼互相亲热地问好。在这些艰难的日子里，布琼尼看上去老了许多。

布琼尼问朱可夫："你从哪里来？"

"从科涅夫那儿来。"朱可夫说。

"他那里的情况怎样？我两天多同他没有任何联系了。昨天我到第四十三集团军司令部去了，方面军司令部在我不在时已经转移，现在不知道在什么地方。"布琼尼说。

"我找到了方面军司令部。它设在森林左边、普罗特瓦河铁路桥的后面。他们在那里等着你。遗憾的是，西方方面军有相当大一部分军队被敌人合围。"朱可夫说。

布琼尼说："我们这里的情况也不比其他地方好，第二十四和第三十二集团军已被切断。昨天我在尤赫诺夫和维亚济马之间差一点落到敌人手里。敌人向维亚济马方向调集了大量坦克和摩托化部队，看来是想从东面迂回包围该城。"

"尤赫诺夫现在在谁手里？"朱可夫问。

布琼尼说："现在不知道。在乌格拉河附近发现敌人约有两个步兵团的兵力，但没有炮兵。我想尤赫诺夫现在已落入敌人手里。"

"谁担负掩护从尤赫诺夫到小雅罗斯拉韦茨的道路？"朱可夫问。

"当我来这里时，除了在梅登看到3个民警外，路上没有遇见一个人。地方政权机关已从梅登撤走。"布琼尼说。

朱可夫对布琼尼说："你去方面军司令部弄清情况，并报告最高统帅部，我继续往前去。请将我们的会见情况报告最高统帅，并说我去尤赫诺夫地区，尔后去卡卢加，因为需要弄清那里发生了什么事情。"

朱可夫在梅登没有看到一个人。只有一位老太太在被炸弹炸毁的房屋废墟中寻找什么东西。朱可夫问她："老太太，你在那里找什么？"

她抬起头来，用两只睁大的、迷蒙的眼睛毫无表情地看了朱可夫一眼。

"老太太，你怎么啦？"朱可夫再次问道。但是老妇人什么也没有回答，就又重新去挖。这时，从废墟后面又来了一位妇女，手里提着半袋子东西。

"请不要问她，她因为悲伤而发疯了。前天德国飞机袭击了这个城市，从飞机上轰炸和扫射。这位老太太和几个孙子就住在这个房子里。敌人空袭时，她站在井边打水，亲眼看到炸弹落到了房子上，孩子死了。我家的房子也被炸毁了。想尽快离开这里，因此在废墟下面寻找东西，也许能找回点鞋袜衣服之类东西。"只见她的面颊上淌着眼泪。

朱可夫带着沉重的心情前往尤赫诺夫。他不得不时常将车停下来仔细地观察，以免车开到敌占区去。走了10公里至12公里后，突然从森林出来几个身穿工作服、头戴坦克帽的武装士兵阻止朱可夫他们前进。

其中一个走到朱可夫的汽车跟前，问道："不许再往前走，你是谁？"朱可夫说了自己的姓名，问他们的部队在哪里。

"坦克旅的司令部在相距100米的森林里。"

"很好，你把我带到旅司令部去。"朱可夫说。

朱可夫很高兴坦克旅在这里。只见前来迎接他的是一位身材不高、外表整洁，身穿蓝色工作服、头戴坦克帽的坦克兵。朱可夫立刻想到在什么地方见过这个人。

"最高统帅部预备队坦克旅旅长特罗茨基上校向您报告。"

"特罗茨基！我真没有想到在这里会遇到你！"朱可夫高兴地说。他想起了在哈勒哈河见过特罗茨基。他在那里担任坦克第十一旅参谋长，就是苏联英雄雅科夫列夫指挥的旅。当时日本人很害怕这个旅。

"大将同志，我也没有想到在这里会见到您。我知道您在指挥列宁格勒方面军，可是没有听说您从那儿回来。"特罗茨基说。

"你报告一下你们现在在做什么。首先谈一下敌人在什么位置？"朱可夫说。

特罗茨基上校说："敌人占领了尤赫诺夫，他的先头部队占领了乌格拉河桥。我已向卡卢加方向派出侦察。城里暂时还没有敌人，但在卡卢加地区正在进行激烈的战斗。在那里作战的有步兵第五师和第四十三集团军的一些撤退的部队。我所指挥的旅归最高统帅部预备队。我在这里已第二天了，尚未得到任何指示。"

朱可夫对特罗茨基上校说："派联络参谋到奥布宁斯克车站地区预备队方面军司令部去。方面军司令部位于普罗特瓦河那边皮亚特基诺村。向布琼尼通报情况，将坦克旅展开，组织防御，以掩护去梅登的方向。通过预备队方面军司令部，将我给你的命令报告总参谋部，并说我要到卡卢加步兵第五师去。"

后来，朱可夫才知道，乌格拉河上的桥梁被西方方面军伞降勤务主任斯塔尔恰科少校指挥的支队炸毁了。这个400人的支队是于10月4日，根据斯塔尔恰科的倡议，由那些准备在敌后作战的边防战士编成的。

在炸毁桥梁以后，斯塔尔恰科指挥的支队在乌格拉河一线占领了防御阵地。该支队很快得到了马姆奇科上尉和罗西科夫大尉

所指挥的波多利斯克军事学校学员支队的支援。敌军强渡乌格拉河和向梅登推进的企图，被这些英勇作战的支队粉碎了。

经过五天的激烈战斗，支队人员死伤惨重，但是他们以英雄主义的自我牺牲精神，打破了敌人企图迅速占领小雅罗斯拉韦茨的计划，并为苏军在莫斯科组织防御赢得了必要的时间。

方面军司令部的联络参谋，在卡卢加地区找到了朱可夫，并交给他一份总参谋长来的电话记录。最高统帅命令朱可夫于10月10日赶到西方方面军司令部去。

10月10日，斯大林给朱可夫打来电话说："最高统帅部决定任命你为西方方面军司令员，科涅夫做你的助手，你有什么不同意见吗？"

"没有什么不同意见！我想，应让科涅夫去指挥加里宁方向的军队集团。这个方向离得太远，那里应该有方面军的辅助指挥机关。"朱可夫说。

斯大林说："好！预备队方面军的剩余部队和莫扎伊斯克战线上的部队也归你指挥。赶快把一切都抓起来干吧！命令我已签发给方面军了。"

"我着手执行你的指示，但请求赶快把较大的预备队调到这里来，因为最近希特勒军队可能增强对莫斯科的突击。"朱可夫说。

很快，朱可夫就接到了最高统帅部的命令：

直发西方方面军军事委员会、预备队方面军军事委员会、预备队方面军司令员朱可夫同志、莫洛托夫同志、伏罗希洛夫同志

为了统一指挥西部方向的军队，最高统帅部于1941年10月10日17时命令：

1.西方方面军和预备队方面军合并为西方方面军。

2.任命朱可夫同志为西方方面军司令员。

3.任命科涅夫同志为西方方面军副司令员。

4.任命布尔加宁同志、霍赫洛夫同志和克鲁格洛夫同志为西方方面军军事委员会委员。

5.朱可夫同志于1941年10月11日18时开始指挥西方方面军。

6.撤销预备队方面军指挥机关，用以补充西方方面军和莫斯科战线的预备队。

接到命令后报告。

最高统帅部

斯大林

沙波什尼科夫

第2844号

接到命令后，朱可夫立即出发去西方方面军司令部。方面军司令部临时设在几个帐篷里，朱可夫迅速走进帐篷后，立即投入了战役的组织工作。

军队日日夜夜地紧张工作，由于疲乏和缺少睡眠，人们几乎站都站不稳了。但是，在对莫斯科命运和对祖国命运的责任感的推动下，他们完成了大量的工作，以期在莫斯科附近建立方面军稳定的防御。

与此同时，几十万莫斯科人不分昼夜地构筑环绕首都的防御工事。10月和11月，仅构筑防御内线就有约25万人参加，其中四分之三是妇女和少年。

他们构筑7.2万米的防坦克壕、约八万米的崖壁和断崖，设置5.25万米桩砦和许多其他障碍物，挖掘近12.8万米的战壕和交通壕。这些人用自己的双手挖出300万多立方米的土！

前线的指战员们知道，全国都在保卫首都。这种全民的支援，是苏军取得莫斯科保卫战胜利的鼓舞力量和可靠支柱。

1941年11月1日，朱可夫被召回最高统帅部。斯大林对他说："今年十月革命节，除了开庆祝大会外，我们还想在莫斯科举行阅兵式，你认为怎样？前线的形势允许我们这样做吗？"

朱可夫回答说："敌人在最近几天内不会发动大规模的进攻。在前一阶段的作战中，敌人遭到了严重损失，不得不重新补充兵力和调整部署。为了防备敌人可能进行的空袭，需要加强对空防御，把歼击航空兵从友邻方面军调到莫斯科来。"

在节日前夕，在首都的"马雅可夫斯基"地下铁道车站里，举行了纪念伟大的十月社会主义革命24周年庆祝大会，11月7日在红场上举行了传统的阅兵式。战士们直接从红场开赴前线。

红场阅兵对于巩固军队和苏联人民的士气起到了巨大作用，并具有重大的国际意义。斯大林的演说重申了党和政府有信心一定能够消灭德国法西斯侵略者。

国防委员会、党中央和人民委员会的部分领导人员仍留在莫斯科。莫斯科的工人们为保证保卫莫斯科的部队得到武器、弹药和技术兵器，每天工作12至18个小时。

敌军对莫斯科的威胁并未消失。敌人虽是缓慢的，但是却日益逼近莫斯科。

当德军在加里宁方面军的第三十集团军的地段取得了战术突破后不久，斯大林打电话问朱可夫："你坚信我们能够守住莫斯科吗？我怀着内心的痛苦在问你这个问题，希望你作为共产党员诚实地回答。"

朱可夫说："毫无疑问，我们能够守住莫斯科。但是至少还需要增加两个集团军和200辆坦克。"

"你能有这样的信心，这不错。你打电话到总参谋部去接洽一下，看把你所要的两个预备队集团军集中到哪里。它们在11月底将准备好，但是坦克现在还不能给。"斯大林说。

经过半小时后，朱可夫同华西列夫斯基商量好，第一突击集团军和第十集团军，以及第二十集团军的所有兵团将转隶西方方面军。新编成的第一突击集团军将集中于亚赫罗马地区，第十集团军将集中于梁赞地区。

在莫斯科会战过程中，德军将各突击集团展开在宽大的正面上，并以装甲坦克部队为拳头实施深远的突破，从而使自己军队的正面铺得太宽，以致在莫斯科接近地的最后战斗中失去了突破能力。希特勒统帅部没有料到会遭受如此重大的损失，而且无法弥补这些损失和加强自己在莫斯科附近的军队集团。

从俘虏的供词中察明，敌人某些连队仅剩下20人至30人，德军的士气急剧下降，对攻占莫斯科失去了信心。

11月的莫斯科正是降霜期，虽然骤冷的气温使泥泞的道路变硬，为德军的机动提供了便利，但同时又使身上仍着单衣的德军陷入了冻馁之中。由于没有冬季服装，部队开始出现严重的冻伤。德军士气开始低落起来。

就连一向骁勇善战、从不叫苦的钢铁汉子古德里安也情绪低沉，对德军的未来充满消极情绪，他在给友人的一封信中写道：

　　我们的计划一再延期，严冬即将来临，我们只有坐等敌人争取更多的时间。这对于我军的官兵来说，才真是一件殊堪痛苦的事情。一切都使我十分伤心。虽有满

腔热情，但却无补时艰。那个可以作具有决定性打击的
时机已经错过，今后能否再有这样的机会，更是不可知
之数。未来的局势会怎样发展，恐怕只有天知道。我们
只有存一线希望，奋勇向前，但是困难重重，真是不知
如何渡过……我是最不怨天尤人的。但是在这个时候，
却很难使一个人勉强提起精神来。

　　陆军总参谋长哈尔德也没有以前那样乐观了，他在作战分析
会上充满疑窦地说："我们是不是在重蹈拿破仑的覆辙？"但
是，在希特勒看来，德军在莫斯科的北、南、西三面，已达到距
目标二三十公里的地方，到莫斯科的这最后一程，根本算不了
什么。他的军队已前进了500公里，他们只要再走二三十公里便
行了。

　　11月底，朱可夫请求斯大林下达反攻作战命令。由于当时情
况极其复杂，不可能为组织实施反攻创造比较有利的条件，苏军
不得不在艰难的防御战役过程中准备反攻，其实施的方法是在一
切情况表明希特勒军队已不能抗击苏军反突击时才最后确定的。
为防御战斗的胜利所鼓舞的苏军，没有任何间歇地转入了反攻。

　　1941年11月29日，朱可夫给最高统帅打电话，汇报情况，请
求他下令开始反攻。

　　斯大林很认真地听，然后问朱可夫："你确信敌人已接近危

机状态，而没有可能投入新的重兵集团吗？"

"敌人已经极端虚弱。但是，如果我们现在不消除敌人搜入的危险，敌人将来可能从其北方集团和南方集团抽调强大的预备队来加强在莫斯科地区的军队，那时局势可能严重复杂化。"朱可夫说。

斯大林说，他同总参谋部商量一下。

朱可夫请方面军参谋索科洛夫斯基打电话同总参谋部联系，说明他们的建议：立即开始反攻是合适的。

11月29日晚上，朱可夫接到通知，最高统帅部已决定开始反攻，并要他们呈报反攻战役计划。

11月30日晨，朱可夫把方面军军事委员会关于反攻计划的意见，标绘在地图上附以最必要的说明，报告了最高统帅部。朱可夫他们认为没有必要详细报告，因为所有主要内容早已亲自与斯大林、沙波什尼科夫和华西列夫斯基商量过了。

朱可夫呈送计划时，只给华西列夫斯基一封简短的便函：

请急速向国防人民委员斯大林同志报告西方方面军的反攻计划并下达训令，以便开始准备战役。否则，可能延误战役准备的时间。

12月4日深夜，最高统帅打电话问朱可夫："除了已给你们的以外，方面军还需要什么？"

朱可夫回答说："需要得到最高统帅部预备队航空兵和国土防空军航空兵的支援。此外，还需要至少200辆坦克。方面军没有坦克就不能迅速地扩大反攻的战果。"

斯大林说："现在没有坦克，不能给你们，航空兵可以。请你同总参谋部接洽一下，我立刻打电话去。我们已下令12月5日加里宁方面军转入进攻。12月6日西南方面军的右翼战役集群在叶利齐地区转入进攻。"

12月初下的一场大雪，给苏军的集中、变更部署和前进到所准备的战役出发地区，带来了一些困难。

在克服了这些困难后，各兵种于12月6日清晨前已作好转入反攻的一切准备。

1941年12月6日晨，西方方面军的部队从首都南北两面开始了反攻。在加里宁和叶利齐地区友邻方面军也向前推进。敌我双方展开了大规模的战斗。

经过10天的激烈战斗，已经削弱和极度疲惫的德军遭受了重大损失，在苏军的压力下，节节向西败退。至12月16日，苏军已把德军赶出了加里宁、克林和耶列次。

德军在莫斯科会战的败局已无可挽回，他们不仅被朱可夫的部队击退了150公里至300公里，而且损失了50万人、1.3万辆坦克、2000门火炮和1.5万辆汽车。

在莫斯科会战中，苏军同样损失很大，但他们直到防御战役结束时，仍然保持着应有的战斗力和胜利的信心。最困难的时期过去了。

德军在莫斯科战役中的失败，是德国法西斯发动第二次世界大战以来所遭到的第一次大失败。

它打破了希特勒"闪电战"不可战胜的神话，大大鼓舞了世界反法西斯主义的斗争。

对于莫斯科会战对自身的影响，朱可夫在回忆录这样写道：

> 每当有人问我在以往战争中记忆最深的是什么，我总是回答：莫斯科会战！

实施"天王星"计划

　　1942年春，朱可夫经常在最高统帅部，参加最高统帅主持的很多重大战略问题的讨论，因而十分了解斯大林对当时情况和1942年战争前景的估计。

　　3月底，苏联国防委员会召开了会议，参加会议的有伏罗希洛夫、铁木辛哥、沙波什尼科夫、华西列夫斯基和朱可夫。

　　在这次会议上，朱可夫再次汇报了自己不同意同时展开数个进攻战役的意见，但这个意见未受到重视。苏最高统帅部作出了模棱两可的决定。一方面，最高统帅同意总参谋部的坚决反对苏联方面军群，在哈尔科夫附近实施重大进攻战役的意见。另一方面，他又批准铁木辛哥以西南方向的兵力实施局部进攻战役，从沃尔昌斯克地区和巴尔文科沃突出部实施突击，以消灭敌哈尔科夫集团，占领哈尔科夫，为解放顿巴斯创造条件。

　　1942年5月，苏联国防委员会不顾朱可夫等人的反对意见，

在可尔可夫地区向德军发起强攻，结果苏军遭到惨败。

苏军的失利，使德军的胃口大开。希特勒在苏德战场的南部部署了150万以上的兵力，从6月28日起的近一个月里，德军部队向前推进了150公里至400公里，矛头直指斯大林格勒和北高加索，形势危急。

此时，最高统帅斯大林心里很清楚，1942年夏季所形成的不利局面和他个人在批准苏军1942年夏季战局中的行动计划时所犯的过错有关。因此，他并没有责怪最高统帅部和总参谋部的任何其他领导人。

1942年8月27日，斯大林的秘书波斯克列贝舍夫给朱可夫打

▲朱可夫将军在莫斯科保卫战中任西方面军司令

来电话。当时，朱可夫在波戈列洛耶戈罗季谢地域，部队正在实施进攻战役。波斯克列贝舍夫通知朱可夫说："昨日国防委员会研究了我国南部的局势，通过了任命你为副最高统帅的决定。"

波斯克列贝舍夫请朱可夫在当天的14时，务必在指挥所等候斯大林的电话。一般说，波斯克列贝舍夫讲话极为简短，这次对朱可夫提出的各种问题也回答说："我不知道。这些情况，显然斯大林同志自己会说的。"但即使从这几句话中，朱可夫也能了解到，国防委员会对斯大林格勒地区的斗争结局非常担心。

很快，斯大林用高频电话和朱可夫讲话。他询问了西方方面军的态势后，说道："你必须尽快到最高统帅部来。留下参谋长代理你的工作。请你考虑一下，任命谁来接替你担任方面军司令员。"

通话就此结束了。斯大林没有谈任命朱可夫为副最高统帅的事。显然，斯大林想在和他见面时，当面宣布这件事。最高统帅在电话中一般只谈当时急需谈的问题。他要求下属打电话时十分注意，尤其在没有通话保密设备的部队作战地区打电话时更是如此。

朱可夫在到莫斯科去以前，没有到方面军司令部去。

朱可夫于当天天黑后，来到了克里姆林宫。斯大林正在他的办公室，国防委员会有几位委员也在那里。

斯大林说，南方情况进展对我方不利，德寇有可能占领斯大

林格勒。在北高加索，形势也不太好。他宣布，国防委员会已决定任命朱可夫为副最高统帅，并派往斯大林格勒地域。目前，在斯大林格勒的有华西列夫斯基、马林科夫和马雷舍夫。

"马林科夫留下和你一起工作，华西列夫斯基应飞回莫斯科。你打算什么时候起程？"斯大林问朱可夫。

"我需要用一昼夜时间研究情况，29日才能飞往斯大林格勒。"朱可夫说。

"那好！"斯大林突然又问："你不饿吗？不妨稍稍吃点东西。"随后，有人送来了茶水和10份夹肉面包。

在喝茶的时候，斯大林告诉朱可夫，最高统帅部决定把第二十四集团军、近卫第一集团军和第六十六集团军，拨给斯大林格勒方面军。

斯大林郑重地对朱可夫说："你必须采取一切措施，使莫斯卡连科将军的近卫第一集团军能在9月2日实施反突击，并在其掩护下使第二十四和六十六集团军进入出发地域。这两个集团军必须迅速进入战斗，否则，我们就会丢掉斯大林格勒。"

朱可夫很清楚，当前的会战具有极为重大的军事和政治意义。如果斯大林格勒陷落，德军统帅部就有可能切断苏联南部与中部的联系。苏军就可能失去由伏尔加沿岸和高加索向北运送大量物资的伏尔加河这条最重要的水路交通命脉。

最高统帅部正把一切能够动用的力量，都派往斯大林格勒地域。只有新组建的准备用于尔后斗争的战略预备队暂不动用。同时，还采取了紧急措施，增加飞机、坦克、火炮、弹药和其他物资的生产，以便及时用于粉碎进入斯大林格勒地域的敌军集团。

8月29日，朱可夫由莫斯科中央机场起飞，四小时后就坐在伏尔加河上的卡梅申地域的野战帐篷中。华西列夫斯基迎接了他，并当场给他介绍了最新情况。经过简短的交谈后，二人驱车一同前往设在小伊万诺夫卡的斯大林格勒方面军司令部。

大约12时，朱可夫他们到达方面军司令部。戈尔多夫中将在前沿阵地上。参谋长尼基舍夫和作战部长鲁赫列汇报了情况。在听他们汇报时，朱可夫觉得他们并不完全相信在斯大林格勒地域能阻止住敌人。

朱可夫给近卫第一集团军司令部打了电话，当时戈尔多夫在那里。朱可夫要他在莫斯卡连科集团军司令员的司令部等他们，他和华西列夫斯基就要到那里去。

在近卫第一集团军的指挥所里，朱可夫他们遇到了戈尔多夫和莫斯卡连科。他们的汇报和言谈举动，使朱可夫他们很高兴。可以感觉到，他们二人都很清楚敌人的力量和苏军的能力。

在讨论了情况和苏军的状态后，他们得出结论，正在集中的各集团军部队直到9月6日才能做好反突击的准备。朱可夫从该处通过高频电话向最高统帅作了汇报。斯大林听了他的汇报后，说没有意见。

9月3日，朱可夫收到一份由斯大林签署的电报：

　　斯大林格勒的形势恶化了。敌人部队距斯大林格勒3公里。如果北部集团部队不立即援助，斯大林格勒可能在今天或明天被攻占。应要求位于斯大林格勒以北和西北的各部队司令员立即突击敌人和援助斯大林格勒的军民。不得有任何迟延。现在迟延就等于犯罪。

　　应将全部飞机都用于援助斯大林格勒。斯大林格勒剩下的飞机很少了。

　　朱可夫当即给最高统帅打电话报告说："我可以下令在明天一早就发起进攻，但所有三个集团军的部队将不得不在几乎没有弹药的情况下开始战斗，因为最早要到9月4日黄昏才能把弹药送到炮兵阵地上。此外，在9月4日黄昏前，我们不可能组织好各部队与炮兵、坦克兵和航空兵的协同动作，而没有协同动作是什么也搞不成的。"

　　"你是不是以为敌人会等你慢腾腾地准备好了再干？叶廖缅科断定，如果你们不立即由北面实施突击，敌人只要用第一次猛攻就可以拿下斯大林格勒。"斯大林说。

　　朱可夫说："我不同意这个观点，请求准予按原定时间5日发起进攻。至于航空兵，我现在就下令全力轰炸敌人。"

斯大林同意说："那好吧！如果敌人对市区发起总攻时，你应不待部队做好准备就迅速向敌人冲击。你的主要任务是把德寇的兵力由斯大林格勒引开，如果办得到，还应清除隔开斯大林格勒方面军和东南方面军的德军走廊。"

9月5日拂晓，在第二十四集团军、近卫第一集团军和第六十六集团军的全正面上，开始了炮火和航空火力准备。但甚至在各集团军的主突方向上，炮火的密度也不大，因此没有取得必要的效果。

持续一整天的火力战，到傍晚时几乎沉寂了。在一天的交战中，苏军前进了总共只有2公里至4公里，第二十四集团军几乎仍在出发阵地上。傍晚时，给部队补充了弹药。根据昼间战斗中查明的敌情，决定在夜间作好新的冲击准备，并在可能范围实施必要的变更部署。

天黑以后，斯大林给朱可夫打来电话，问道："情况怎么样？"

朱可夫报告说，一整天进行了艰苦的交战。敌人被迫由古姆拉克地域向斯大林格勒以北调动新的部队投入战斗。

"这就不错。这可以把敌人的力量从斯大林格勒引开。"斯大林说。

朱可夫继续报告说："我军稍有进展，但在不少地方仍停留在出发地区。"斯大林问："怎么回事？"

"由于时间不够，我军没有来得及做好进攻准备，没有很好地进行炮兵侦察和查明敌人的火力配系，自然就不能将其压制住。当我军转入进攻时，敌人就以其火力和反冲击阻止住我军进攻。此外，敌航空兵整天都掌握着制空权，并对我军进行轰炸。"朱可夫说。

斯大林命令说："继续冲击。你们的主要任务是把尽可能多的敌人调离斯大林格勒。"

第二天，战斗更加激烈了。白天，苏军再次发起冲击。这一次又被击退了。9月6日这一天，敌人由斯大林格勒地域调来新的部队。

9月7日下午，斯大林格勒方面军作战部长鲁赫列对朱可夫说："最高统帅询问，要消灭敌人，我们的力量够不够？"

朱可夫向最高统帅回答说："要消灭敌人，斯大林格勒方面军现有力量显然是不够的，必须补调一个集团军，而且要在最短期限对敌进行更强大的突击。"但最高统帅部关于补调几个师的决定一直没有下达。交战的第三天和第四天，主要是各种火器对射和空战。

9月10日，朱可夫再次巡视各集团军的部队和兵团后，他最终坚决地认为，以现有的兵力和部署不可能突破敌人的战斗队形并清除其走廊。

这天，朱可夫用高频电话向最高统帅斯大林报告说："以斯

大林格勒方面军现有的兵力，我们不能突破敌人的走廊并与东南
方面军的部队在市区会师。由于斯大林格勒附近新调来部队，敌
人的防御正面相当强固了。以现有的兵力和部署继续冲击是没有
用的，而且部队必然要遭受重大的损失。需要补充部队和调整部
署的时间，以实施较为集中的方面军突击。集团军突击不能打败
敌人。"

　　斯大林对朱可夫说："如果你能飞到莫斯科去亲自汇报这些
问题，可能更好一些。"

　　9月12日白天，朱可夫飞往莫斯科。四个小时后就到了克里
姆林宫，总参谋长华西列夫斯基也被叫去了。

　　在听取完华西列夫斯基和朱可夫的汇报后，斯大林就问：
"要消灭敌人的走廊并与东南方面军会师，斯大林格勒方面需要
些什么？"

　　"至少还需要一个新锐的诸兵种合成集团军、一个坦克军、
3个坦克旅和400门以上榴弹炮。此外，在作战过程中必须补充集
中至少一个空军集团军。"朱可夫回答。华西列夫斯基完全支持
朱可夫的计算。

　　最高统帅拿出他的最高统帅部预备队配置图来，长时间聚精
会神地看着。朱可夫和华西列夫斯基走到离桌子稍远的地方，低
声地谈论说："显然需要找个什么别的解决办法。"

　　斯大林突然抬起头来问道："有什么别的解决办法？"

朱可夫他们从来没有想到斯大林有这么敏锐的听力。于是他们走到桌子跟前。

斯大林继续说："这样吧，你们到总参谋部去，好好想想在斯大林格勒地域应采取什么措施，可以由哪里调什么部队去加强斯大林格勒的部署，同时也想想高加索方面军的问题。明晚9时在这里集合。"

第二天一整天，朱可夫和华西列夫斯基在总参谋部进行了仔细研究。他们考虑了各种可能方案后，决定向斯大林提出如下行动计划建议：第一，继续以积极防御疲惫敌人；第二，着手准备反攻，对斯大林格勒地域的敌人，务必实施坚决的突击，以便能够急剧改变苏军南部的战略形势，使之有利于苏方。

由于这段时间，朱可夫频繁地来往于斯大林格勒与莫斯科两地。为了保证他的人身安全，统帅部要求给朱可夫派护航战斗机，以防止他在空中被敌机袭击而遭遇到不测，但是这一提议却被朱可夫给拒绝了。朱可夫认为："不能因为我而浪费昂贵的汽油。"后来，虽然没有碰上敌机，但是有几次却险些发生了意外。

一次是因为天气寒冷，导致飞机结了冰，因此被迫进行临时迫降。还有一次是在飞越莫斯科的上空时，因能见度差，朱可夫的座机险些撞上地面上的一个大烟囱。可见，在紧急关头，朱可夫总是能够为了大局而置个人的安危于不顾。

随着战势的不断发展，朱可夫制定了"天王星"反攻计划：苏军从斯大林格勒西北部和南部两线向中心反攻，合围在那里的德军第六集团军和第四集团军。

根据反攻计划，苏军不断地把部队调往到准备实施突击的方向。同时，为了迷惑敌人，在朱可夫的指挥下，苏军也采取了一系列的伪装措施。

1942年10月中旬，敌军发起了新的进攻，妄图一举结束斯大林格勒的战斗。但和先前一样，敌军又遇到了苏军的顽强防御。当德军的进攻陷于停顿之时，斯大林格勒前线各方面军接到命令，命令要求部队停止一切具有攻势的作战行动。

这个命令是通过未加密线路发布出来的，在这个命令中详细地讲述了如何安排冬季的防御、如何构筑工事、如何在支撑点储备给养、弹药、装备等。与此同时，苏军在莫斯科的西部方向，又做出了准备采取冬季大规模进攻战役的架势。

此时的苏军源源不断地开往斯大林格勒前线。到1942年11月19日，苏军完成了集结。这时，苏军在斯大林格勒前线已经有了3个方面军：顿河方面军、斯大林格勒方面军和西南方面军。

这三个方面军的总共兵力达到了110万人，1.5万门大炮，1400余辆坦克和1400架飞机。而在斯大林格勒方面作战的德国军队才有101万人，1万余门大炮，600余辆坦克和1200架飞机。苏军在坦克和火炮上还是占有一定优势的。但是，决定战争命运的

朱可夫
Georgy Konstantinovich Zhukov

却是指挥员的指挥艺术和前线官兵的战斗技能。

这时的苏军最高统帅部已经考虑到了交通线的重要性，首先就是要恢复已经被德军破坏的铁路、桥梁和车站，同时还要进行修建新的交通线。

从1942年10月到1943年2月共修建了1160千米长的铁路支线，恢复了1958千米的铁路线和293座铁路桥，从而保证了斯大林格勒地区的交通运输。

为了使反攻达到出奇制胜的效果，苏军最高统帅部还特别要求要加强隐蔽和伪装部队的措施，尤其是要求炮兵一定要在敌人防御的主要突击方向上，建立起重兵集团，从而在反攻时可以达到是德军人数两倍的数量优势。

1942年11月19日7时30分，炮声响起，宣告了西南方面军和顿河方面军揭开了苏军反攻的序幕。这次也像以往一样，德军被迫从突击斯大林格勒的部队中抽调了大部分航空兵、炮兵和坦克，以抵御顿河方面军的进攻。

根据苏军最高统帅部下达的进攻命令，集结在三个狭长突击地带上的大炮和迫击炮向预先侦察到的目标一齐开火。在实施了一个小时的破坏性射击和20分钟的压制性射击后，8时50分，支援步兵的坦克群首先发起进攻。

苏军以坦克和机械化部队作为先导，向德军的薄弱阵地罗马尼亚第四集团军发起了进攻。罗马尼亚第四集团军不战而溃。苏

-230-

军又向前推进了35公里，这时，由于德军派出了装甲部队前去支援，苏军才减慢了反攻的速度。

德陆军参谋长向希特勒报告了前线的战斗情况，同时他建议从斯大林格勒撤退，调转方向来加强后卫，巩固新前方，最后，进攻进入罗马尼亚军阵地的苏军。这样不仅可以在更靠西侧的地域建立一条牢固的防线，而且还可以为第六集团军解围，从而给苏军造成困境。

但是，刚愎自用的希特勒根本就听不进下属的这个建议，他暴跳如雷，说："你就只有一个建议，那就是撤退！你知道对手是朱可夫就认输了吗？我决对不允许部队从伏尔加撤退！"

然而，此时的德军已经无法阻挡苏军前进的步伐了。1942年11月22日夜间，苏军就已经占领了顿河桥，并且分批次进行强渡顿河。

为了迅速阻断敌军的退路，苏军第二十六坦克军军长罗金少将决定利用天黑夜暗，先夺取卡拉季奇附近顿河上惟一剩下的一座桥梁。

罗金少将命令先头部队的上百辆坦克全部打开车灯，成纵队沿着从奥斯特罗夫到卡拉季奇的公路，穿过德军数十公里的防御阵地向大桥开进。苏军的先头部队迅速控制了左右河岸，并发出了信号弹来通知后续部队加速前进。

此时的德军发现中计了，但已经为时已晚，最后，在苏军坦

克里应外合下，迫使德军向两翼败退。苏军第二十六坦克军固守在桥梁附近，切断了敌军的退路，也粉碎了敌人向西面德军靠拢的企图。

四天以后，苏军两支先头部队在斯大林格勒的西面、德军第六集团军背后20公里的地方会师，这一会师不仅决定了斯大林格勒城内25万德军士兵的命运，而且标志着第二次世界大战在苏联战场上的转折。

11月23日，斯大林格勒方面军在卡拉季奇与西南方面军会合，于是，斯大林格勒地区的敌军全部落在网里。

伏尔加河东岸的苏军也开始了反击。他们向城内的德军阵地发起了猛烈地炮击。斯大林格勒正北面的顿河方面军也发动了攻势。

战斗进行至11月30日，苏军已完成了对德军共22个师33万人的合围，并将其压缩在了1500平方公里的地域之内。这时的敌人已经精疲力竭了，后来从俘虏口供中得到了证实，敌军部队和兵团的人数极少，不仅士兵，而且军官的士气也急剧低落了，很少有人相信，他们还能够活着离开这个交战数个月的地狱。

12月19日，德军又同苏军在卡尔穆克草原与苏军展开了激战。这时，德援军同第六集团军防守的外围只有40公里了。但是，精疲力竭的德军和技术兵器都受到了重大的损失，给养供应也接济不上了，士兵们长时间得不到休息疲惫不堪，德军进攻的势头也陷于停顿状态。

为了不遭到同第六集团军同样的命运，曼斯坦因下令北上的德军向南后撤，并将第六坦克师调到顿河以西，抵挡来自北方的苏军，同时还下令第六集团军停止突围。

朱可夫抓住了这个机会，于12月24日发动了新的攻势，紧紧追击撤退的敌军。处于被包围中的德军阵地被压缩得越来越小，他们到了弹尽粮绝、山穷水尽的地步。

德第六集团军对于他们目前的处境也是非常清楚的，于是，德第六集团军一再请求希特勒准许他们突围。但是希特勒却要求他们"死守斯大林格勒"。

希特勒把斯大林格勒视为东线前出的堡垒，第六集团军则是堡垒的守备队。而堡垒守备队的任务就是要经得起围困，如果有必要的话，需要一直坚守到第二年春天。

希特勒的固执行为也为朱可夫实现战争目的创造了有利条件，同时，也正是希特勒的固执最终葬送了保卢斯的第六集团军。

这时的气温已经下降到了零下30度，德军大批的官兵被冻伤了，另外还有数千人患上了伤寒痢疾。由于苏军在空中的封锁，靠空运维持供给的德军只能艰难度日，德军每日所需的作战物资最少为750吨，但实际上每天运到的还不足100吨。

到了1月21日起空运就停止了，看来，德军距离末日来临的日子已经为期不远了。被团团围困的德第六集团军在内无粮草、

外无援兵的情况下，变得奄奄一息了。

1943年1月8日，苏军指挥部向被围的德军发出了最后的通牒，命令德军立即停止抵抗，缴械投降。但是，德第六集团军拒绝了苏军的要求。

1943年1月10日，苏军以5000门大炮轰击包围圈内的德军，随后坦克和步兵也发起了迅猛的冲锋。德军由退却继而变成了无命令的逃跑，沿途丢下的无数尸体被风雪和炮灰所掩埋。不到六天，德军的阵地又缩小了一半。这时，苏军从人道主义出发，又再次进行敦促德军缴械投降，但是，顽固的德军再一次予以拒绝了。

1月24日，德军元帅保卢斯再次致电希特勒，告诉他再继续抵抗已经毫无意义了，覆灭是难免的了，为了挽救还活着的人，请即刻允许我们投降。

但是，希特勒的答复仍然是"不许投降，应固守阵地，战斗到最后一个人，最后一粒子弹！"。因此，第六集团军的指挥部只能继续执行希特勒的命令，毫无目的地拖延着战事。

到1月25日，德军被击毙、击伤和被俘者已超过了10万人。苏军又把包围圈缩小到南北长20公里、东西宽3.5公里的地段上。

1月26日，苏军实施了决定性的突击。在此后的三天时间里，德军1.5万人放下武器，一支罗马尼亚部队带着全部武器和装备集体向苏军投降了。

2月2日，被围的德军全部投降或被歼灭了，至此，历时200天的斯大林格勒大会战，以苏军的胜利而告终。

全世界的人民都在注视着顿河、伏尔加河和斯大林格勒地域的大会战。苏军的胜利、苏军与敌人的英勇斗争鼓舞了人们，并增强了他们战胜法西斯的信心。

在这场举世瞩目的大会战中，朱可夫功不可没。他在斯大林格勒会战中，临危受命，指挥若定，最终夺取了战役的最后胜利。朱可夫因为立下了不朽的功勋，被授予第一号"苏沃洛夫"一级勋章。

斯大林格勒会战标志着苏德战争的转折，也标志着第二次世界大战的转折。从此，苏军开始进入战略反攻阶段，德军则逐步走向灭亡。

决战库尔斯克

1943年初，在苏德各个战线上都出现了暂时的沉寂，只有沃罗涅日方面军、西南方面军和南方方面军的地段上，以及库班仍继续进行着激烈的交战。

3月初，德军由柳博京地域，对苏军的沃罗涅日方面军左翼部队实施了猛烈的反突击。

苏军受挫后撤。德军重新占领了哈尔科夫，并开始向别尔哥罗德方向发展突击。此时，朱可夫作为最高统帅部代表，在铁木辛哥元帅指挥的西北方面军中。该方面军部队进到洛瓦季河边，正在进行强渡该河的准备。

3月13日，斯大林给西北方面军指挥所打来电话。朱可夫向斯大林报告了洛瓦季河的情况，提出由于出现了过早解冻现象，该河已不能通行。显然，西北方面军部队不得不暂时在这里停止进攻行动。

斯大林表示同意，他又问了朱可夫几个关于西北战线战事今后发展方面的问题。然后说，准备委派索科洛夫斯基指挥西方方面军。

朱可夫建议派原西方方面军司令员科涅夫领导西北方面军，而将铁木辛哥派往南方担任最高统帅部代表，帮助南方方面军和西南方面军司令员。

因为铁木辛哥非常熟悉那些地区，而且那里的局势出现了对苏军不利的情况。

斯大林说："好吧，我告诉波斯克列贝舍夫，要科涅夫给你打电话，由你给他下达指示。然后你自己明天要到最高统帅部来。需要讨论一下西南方面军和沃罗涅日方面军的情况。"他又

▲朱可夫在部署苏军在库尔斯克方向上的防御

补充说："可能你需要到哈尔科夫地域去。"

不久，科涅夫给朱可夫打来了电话。朱可夫说："最高统帅命令任命你代替铁木辛哥为西北方面军司令员。铁木辛哥将被派往我战线的南翼。"

科涅夫表示感谢，并说他明天早晨就动身到新的工作岗位。第二天早晨，朱可夫前往最高统帅部。当天夜间，朱可夫到了莫斯科。朱可夫在一路上感到十分疲劳，因为他的吉普车不得不在到处都遭到严重破坏的路上颠簸着行驶。

波斯克列贝舍夫打电话通知朱可夫说，斯大林召集很多同志讨论有关冶金和电力的燃料问题、飞机和坦克制造厂的问题。命他马上去参加会议。朱可夫边走边吃了点东西，来到了克里姆林宫。

最高统帅召开的这次会议于夜间3时过后结束。散会后，斯大林走到朱可夫跟前，问道："你吃过晚饭了吗？"朱可夫说没有。

"那和我一起走，顺便谈谈哈尔科夫地域的态势。"斯大林说。

吃饭时，总参谋部送来了标有西南和沃罗涅日方面军地段情况的地图。

那位负责沃罗涅日方面军情况的参谋报告说，至3月16日，那里的情况严重恶化了。自从由克拉马托尔斯克地域进攻的敌装甲坦克和摩托化部队，把西南方面军部队赶过顿涅茨河以后，就在哈尔科夫西南出现了困难的局面。

敌军从波尔塔瓦和克拉斯诺格勒地区同时转入进攻。瓦杜丁将向前突出的坦克第三集团军和第六十九集团军的部队向后撤，并在哈尔科夫以西和西南组织了较密集的战斗队形。当时，由戈利科夫上将指挥的沃罗涅日方面军没有后撤。

斯大林问为什么总参谋部不提醒，参谋回答说："我们建议过。"

斯大林坚决指出："总参谋部应干预方面军的指挥。"稍经思考后，斯大林对朱可夫说："你天亮后必须到前线去。"

斯大林当即给沃罗涅日方面军军事委员赫鲁晓夫打了电话，严厉斥责方面军军事委员会没有采取措施对付敌人的反突击。最高统帅把那位参谋打发走以后，对朱可夫说："总得把晚饭吃完。"

事实上，此时已经是早晨5时了。吃过饭后，朱可夫要求到国防人民委员部去一趟，作些去沃罗涅日方面军的准备。

早晨7时，朱可夫乘飞机从中央机场起飞，飞往沃罗涅日方面军司令部。一坐上飞机，朱可夫就睡着了，直到飞机在机场着陆才醒来。

1943年3月底至4月初，朱可夫和瓦杜丁几乎走遍了方面军的所有部队。与部队和兵团指挥员共同判断情况，明确他们遭到敌

人进攻时的任务和各项必要措施。

朱可夫对近卫步兵第五十二师的地段特别不放心，所以去了两次。他认为，该师必然会遭受敌人的主要突击。方面军和集团军司令员也持同样的见解，因此，朱可夫决定用炮兵全力加强该师所负责的地段。

此时，也到了需要准备库尔斯克会战计划的预先方案的时候了。朱可夫和总参谋长华西列夫斯基及各方面军司令员商定，在中央、沃罗涅日和西南方面军地段上，采取措施组织周密的对敌侦察。

华西列夫斯基给情报部和游击运动总司令部下达了任务：查清敌军纵深中预备队的数量及其配置情况，查清由法国、德国及其他国家调来的部队的部署和集中情况。

不久，最高统帅委派朱可夫对中央和沃罗涅日方面军部队就地实施总的领导，并监督对最高统帅部指示的贯彻执行。

4月10日，最高统帅往博布雷舍沃给朱可夫打来电话，命令他在4月11日回莫斯科，讨论1943年夏季战局计划，包括库尔斯克突出部的作战计划。

4月11日夜间，朱可夫回到了莫斯科。华西列夫斯基对他说，斯大林指示要在4月12日傍晚前准备好情况图，以及各种必要的计算和建议。

4月12日一整天，朱可夫和华西列夫斯基及其助手安东诺夫，都在准备向最高统帅汇报所必需的资料。

从清早开始，他们3个人就坐下来进行工作，由于彼此十分了解，到傍晚时一切都准备好了。安东诺夫除了其他各种优点外，还具有编写和绘制材料的惊人能力。朱可夫和华西列夫斯基还在拟制向斯大林汇报的计划，他已经准备好情况图和各方面军在库尔斯克突出部的行动计划图。

朱可夫他们一致认为，由于政治、经济和军事战略上的考虑，希特勒匪徒将力图不惜任何代价，守住从芬兰湾到亚速海这条战线。他们能够很好地加强其某一战略方向上的部队，并在库尔斯克突出部地域准备一次大规模的进攻战役，以便粉碎该处的苏中央和沃罗涅日方面军的部队。这有可能使整个战略态势变得有利于德军。

4月12日傍晚，朱可夫同华西列夫斯基及安东诺夫到了最高统帅部。朱可夫说："当我们面见斯大林时，斯大林以从未有过的认真态度听取了我们的设想。他赞同把主力部队集中在库尔斯克地区的意见，但是他仍然会对莫斯科方面的形势感到焦虑不安。"

由此可以看出，朱可夫自战争爆发以来所积累的经验，对于处理他与斯大林之间的关系是大有益处的。

通过在最高统帅部讨论的苏军行动计划，最终得出的结论是：必须在所有最重要方向，而且首先是在库尔斯克突出部地域

建立牢固的、纵深梯次配置的防御。

最高统帅部在制定了周密的防御和反攻计划的同时，还拟定了一项进攻作战计划。其内容是：如果敌人长时间推迟进攻，那么我们就先发制人，对他们先发起进攻。

朱可夫最后表示，苏军的防御措施绝对不是匆忙草率的，它是经过反复深思熟虑之后才制定好的。最高统帅部将审时度势，"抓住时机，及时转入攻势"，但同时还要牢记"欲速则不达，但久拖也无益"。

据此，苏军的最高统帅部给各方面军司令员下达了相应的指示，部队开始进行挖掘工事的工作了。同时，还决定正在组训的最高统帅部战略预备队暂不使用，并将其集结到更加靠近受威胁的地域。

1943年4月15日，希特勒向各级指挥官下达了最高密令。希特勒指出：

　　在天气条件允许的情况下，决定立即实施"堡垒"作战计划。

　　这一攻势是具有决定性意义的，因此必须速战速决，只准成功，不准失败。这次战役的成功将要为我们今年春季和夏季的作战行动赢得主动权。

　　我们要全力以赴地投入准备工作之中，要小心谨慎，不能发生任何纰漏。在主攻方向上，我们要使用最精锐的兵团、最好的武器和最有才干的指挥官。

同时我们还要确保弹药的充足供给。每一位指挥官和士兵都必须深刻理解这次进攻行动的重要意义。库尔斯克的胜利将成为照耀全世界的火炬！

接着，希特勒又阐述了这次进攻的目的，他决定用一支主力突击部队从别尔哥罗德地区，另一支突击部队从奥廖尔以南地区，对敌人发动一次坚决而迅速的集中突击，最后合围并坚决消灭库尔斯克地区的敌军。

由于苏军的最高统帅部正确预见了德军的企图，后来，苏军还获得了希特勒向其库尔斯克部队发布的命令副本。朱可夫胸有成竹地指出："红军的最高统帅部已经准确地判断出了纳粹军队在库尔斯克突出部地域的作战目标和作战方向。"

同时，朱可夫的大部分将军都预言，德军可能会在5月中下旬发动攻势。中央方面军参谋长马利宁中将建议：

为了挫败德军的进攻，应该使用航空兵，其主要是为了歼击德军的航空兵。同时，还要对位于库尔斯克突出部内部的中央方面军和沃罗涅日方面军进行加强。最后，还要给每个方面军至少再增加10个反坦克炮兵团。

1943年4月18日，朱可夫奉命飞到北高加索。那里正在进行

着激战，苏军正在围歼德军的"塔曼集群"。该集群的核心是装备精良的第十七集团军，消灭塔曼半岛的敌人对于苏军具有至关重要的意义。最后，苏军在这个地区消灭了强大的敌人，同时，他们还解放了黑海港市的新罗西斯克。

随后，朱可夫在向斯大林汇报了关于新罗西斯克登陆场的看法后，他又奔赴了北高加索方面军的第五十六集团军司令部。

北高加索方面军司令格列奇科将军在《苏联武装部队》一书中，描述了当时高加索地区的战斗：

在北高加索，英勇的苏联红军经过顽强的防御战，顶住了纳粹军队的猛烈进攻。敌人一直试图突破石油港口城市巴库和图阿普谢港口。不久，苏军发起一次反攻，经过新罗西斯克、塔曼、大草原和罗斯托夫外围激战后，给了敌人以致命的打击。

1943年6月30日，斯大林给朱可夫打来电话，命令他留在奥廖尔方向上，负责协调中央、布良斯克和西方方面军的行动。最高统帅斯大林说："要派华西列夫斯基到沃罗涅日方面军去。"

7月4日傍晚，朱可夫在罗科索夫斯基的司令部里。他通过高频电话，与在瓦杜丁司令部里的华西列夫斯基通了话，获悉了在别尔哥罗德地域与敌先遣支队战斗的结果。

朱可夫得知，当天俘获的敌步兵第一六八师士兵所供认的，关于敌人在7月5日拂晓转入进攻的消息是确凿的，而且知道沃罗涅日方面军将根据最高统帅部计划实施炮兵和航空兵火力反攻。朱可夫立即将这些消息转告给罗科索夫斯基和马利宁。

凌晨2时，第十三集团军司令员普霍夫将军给罗科索夫斯基打来电话，报告说，据被俘的敌步兵第六师的工兵供认，德军已作好转入进攻的准备。开始进攻的时间，大约是7月5日晨3时。

罗科索夫斯基问朱可夫说："我们怎么办？是先报告最高统帅部，还是立即下达实施反攻的命令？"

"罗科索夫斯基同志，我们不要耽搁时间了。你按方面军和最高统帅部的计划下命令吧，我现在就给最高统帅打电话，报告我们接到的情报及采取的决定。"朱可夫说。

朱可夫立即和最高统帅接通电话。此时，斯大林正在最高统帅部和华西列夫斯基谈完话。朱可夫汇报了接到的情报及采取的实施反攻的决定。斯大林赞同他的决定，并命令朱可夫不断向他报告情况。

斯大林说："我在最高统帅部中等候着事态的发展。"

此时，朱可夫觉察到最高统帅感到紧张。其实大家都很紧张，虽然苏军已经构筑了纵深梯次配置的防御，而且他们握有对德军实施突击的强有力的手段，但是心情依然十分激动和紧张。

此时已经是深夜了，但谁都毫无睡意。朱可夫和罗科索夫斯

基像通常在这种时候一样，待在方面军司令部里。

2时20分，朱可夫下达了开始反攻的命令。周围的一切都震动了，一时间响起了惊心动魄的隆隆爆炸声。库尔斯克突出部地域最大的交战开始了。在这可怕的"交响乐"中，重炮的轰击声，炸弹、M—31火箭弹、"喀秋莎"的爆炸声，以及飞机马达不停的轰鸣声汇成一片。

敌军离朱可夫所在的司令部那所房子的直线距离不超过20公里。朱可夫听到和感觉到了这场疾风骤雨般的射击，不禁想象起突然遭到苏反攻炮火袭击时，敌人出发地域那种可怕的情景。丧魂失魄的敌军官兵，拼命想找到随便什么小坑、小沟、堑壕，不管什么，只要能躲避炮弹的小隙缝……

2时30分，苏军到处都已开始了反攻。最高统帅给朱可夫打来电话，问道："怎么样？开始了吗？"

"开始了。"朱可夫回答。"敌人如何动作？"斯大林问。

朱可夫报告说："敌人企图以个别的炮兵连还击我反攻，但很快就沉默了。"

"好吧，我一会儿再给你打电话。"斯大林说。

当时难以立即确定反攻的效果，但是敌人5时30分发起的进攻组织得不好，而且也不是在所有地方同时进行，这说明敌人遭到了惨重的伤亡。

在交战过程中捕获的俘虏供称，苏军突击完全是出乎他们的意外。根据他们提供的情报，敌炮兵损失惨重，通信联络、观察和指挥系统普遍遭到破坏。

朱可夫因抢在德军之前40分钟，果断下达了攻击命令，从而使德军遭受严重的损失，进攻推迟3小时。德军进攻进展十分缓慢，很快便完全停了下来。

7月12日，苏军的布良斯克方面军和西方方面军的加强近卫第十一集团军转入进攻。

虽然德军的防御是纵深梯次配置，工事十分完备坚固，德军抵抗也很顽强，但是苏军还是突破了德军防御，并开始向奥廖尔总方向上推进。

不出所料，德军在奥廖尔地域陷入慌乱，开始由中央方面军当面的敌军集团中抽调部队，来对付苏军的布良斯克方面军和西方方面军所属近卫第十一集团军。苏中央方面军毫不迟延地利用了这种形势，于7月15日转入反攻。

就这样，在奥廖尔地域，希特勒经过长期准备的总攻彻底垮台了，德军尝到了惨重失败的滋味。

8月5日晨6时，苏近卫步兵第八十九师所属近卫步兵第二七〇团，以及步兵第三〇五和第三七五师的部队，最先突入了别尔哥罗德。

1943年8月23日，伟大卫国战争中最大的一次战役，即库尔斯克会战，以占领哈尔科夫而胜利结束了。这次会战粉碎了希特勒在军事和政治上寄予很大希望的德军主要集团。在库尔斯克附

近粉碎德国法西斯军队，有非常巨大的世界意义，进一步提高了苏联的威望。曾有历史学家指出：

> 在库尔斯克战役之前，希特勒及其将军们利令智昏，他们错误地认为自己拥有世界上最先进的武器。他们倾巢出动，把最强大、最先进的武器全部投入到了库尔斯克战场，就一定能够取得战争的胜利，但事实上他们的想法是错误的，同时，这也在战争实践中得到了进一步的确认。

朱可夫认为在库尔斯克战役中，苏联红军再一次得到了游击队的"重要帮助"。早在一年前，德军就被迫抽出10%的地面部队，包括党卫军和保安警察部队，用他们来专门对付游击队的袭击。

库尔斯克战役是希特勒在这场战争中遭受的最惨重失败之一，纳粹德军从此一蹶不振，这次失败也使得纳粹德国最终难逃覆灭的命运。

8月25日，朱可夫被召回最高统帅部，讨论当前的情况以及苏军在库尔斯克突出部粉碎德军后，正在广阔的战线上展开的全面进攻的后续任务。英雄的脚步没有片刻的停歇，为了自己深爱着的祖国和人民早日获得和平和幸福，他只能坚定地向前！向前！

荣获"胜利勋章"

1943年8月25日，朱可夫来到最高统帅部。最高统帅斯大林刚同国防委员会委员们开过会，在会上斯大林听取了关于1943年下半年飞机和坦克生产计划的报告。

斯大林非常关心沃罗涅日方面军和草原方面军的情况，他问朱可夫是否收到了关于继续向第聂伯河进攻的指令，以及两个方面军如何估计自己的能力。

朱可夫汇报说，两个方面军经过战争后，部队都有很大的损失，这就需要及时地补充后备人员和技术兵器，特别是对坦克的需求量是极其大的。

斯大林说："好！关于这个问题以后我们再谈，现在听安东诺夫关于其他方向上进攻过程的汇报。"

随后，安东诺夫汇报了敌方的情况。很显然，德国人正在采取着各种措施，来阻止苏加里宁方面军、西方方面军、布良斯克

方面军和西南方面军已经发起的进攻。

根据各种情报来看，敌军的防御设在了纳尔瓦河、普斯科夫、维捷布斯克、奥尔沙、索日河、第聂伯河、莫洛奇纳亚河一线。希特勒匪徒对这个防线进行了大肆宣传，称之为会使苏军碰得头破血流的"东方壁垒"。

斯大林给安东诺夫作了相应的指示后，命令朱可夫同费多连科及雅科夫列夫研究一下，可以给沃罗涅日方面军和草原方面军调拨哪些物资器材。考虑到两个方面军受领任务的重要性，朱可夫在当天晚上向最高统帅汇报了应立即调拨的人员、坦克、炮兵和弹药的数量。

▲戴满勋章的朱可夫

斯大林长时间地查看了现有兵力兵器表及朱可夫所提出的要求。然后，与往常一样，斯大林拿起蓝铅笔把所有数字几乎都削减了30%至40%。

最后，斯大林说："剩下的部分，等到两个方面军接近了第聂伯河时，最高统帅部就拨给你。"

当天，朱可夫便飞往方

面军战斗行动地域，该地域是根据最高统帅部指令应继续实施积极行动的地方。

9月6日，最高统帅部发来指令，由朱可夫协调行动的两个方面军受领的任务是：继续进攻，前进到第聂伯河中游并在该处夺取登陆场。瓦杜丁指挥的沃罗涅日方面军，应向罗姆内、普里卢基、基辅一线突击。科涅夫指挥的草原方面军，应在波尔塔瓦—克列缅丘格方向上进攻。

瓦杜丁京的部队于9月22日突进到大布克林地域，占领了登陆场，并于11月6日解放了基辅，然后乘胜西进，追击逃敌。科涅夫的部队于9月23日攻占了波尔塔瓦，9月29日解放了克列缅丘格，并在第聂伯河右岸夺取了几个登陆场。其他几个方面军也进展顺利。

9月底，苏军粉碎了敌人的防御后，在洛耶夫至扎波罗热宽达700公里的地段上强渡了第聂伯河，并夺取了预计用作继续向西发展进攻的一系列最重要的登陆场。

由于胜利地强渡了第聂伯河，并在强渡中表现了英勇果敢的精神和高超的技能，从而粉碎了敌人在第聂伯河上的防御，使得大约有2500名士兵、军士、军官和将军被授予了"苏联英雄"的称号。

在强渡第聂伯河的过程中，朱可夫曾到过马纳加罗夫将军的第五十三集团军地段。马纳加罗夫像在戈罗德附近进攻前一样，

指挥得完全得当。这次比在库尔斯克突出部的反攻前，他的行动更加坚决。

马纳加罗夫将军指挥的第五十三集团军的士兵和大部分指挥人员，给朱可夫留下了深刻的印象。

朱可夫认为，在各级司令部中，组织能力提高了，指挥和侦察组织也改善了。最主要的是，司令部和首长有了迅速而深刻地分析情况的能力。

朱可夫在同第五十三集团军司令员马纳加罗夫谈话时，他注意观察科涅夫。以前，科涅夫往往纠正或者补充他属下的集团军司令员的汇报，而这次听到马纳加罗夫清楚的汇报时，他没有吭声，而且微笑了。

朱可夫同马纳加罗夫告别时，开玩笑地说："一切都好。就是没有手风琴。"

马纳加罗夫笑着说："元帅同志，手风琴有，放在我的第二梯队中，不过从在别尔戈罗德附近准备反攻时，您到过我们这里以后，我就再没有玩过了。"

解放基辅，苏军在第聂伯河上、在基辅地域、切尔卡斯、克列缅丘格、第聂伯罗彼得罗夫斯克和扎波罗热夺取和扩大登陆场，急剧恶化了德军在乌克兰的处境。

为了更详尽地了解各个方面军的情况，审查和确定今后进攻战役的计划，1943年12月中旬，朱可夫奉命回到最高统帅部。

朱可夫看上去很憔悴，因为从4月份起，他就不停顿地奔跑着，忽而天上，忽而地下，在前线奔波。这期间的情况十分复杂、紧张，并且充满了急剧变换的大的胜利和伤脑筋的挫折。此外，再加上长期的睡眠不足、体力和脑力的过度紧张，当他突然来到既听不见飞机袭击、炮兵射击，又听不到由各方面危急地段上发来告急报告的莫斯科宁静的办公室时，疲惫感就突出地表露出来了。

在最高统帅部的会议结束后，朱可夫同华西列夫斯基又在总参谋部工作了五天，以确定各方面军的任务。斯大林曾多次请朱可夫他们到他的克里姆林宫宿舍吃饭。

有一次，在斯大林的家里，朱可夫试着又提出关于实施合围战役的问题。

斯大林说："现在我们更强大了，我军更有经验了。我们不仅能够，而且应该实施合围战役。"

在研究和确定了各方面军的任务后，朱可夫和华西列夫斯基出发到各自负责的方面军去，进一步协调部队的行动。朱可夫负责协调乌克兰第一和第二方面军行动，华西列夫斯基负责协调乌克兰第三和第四方面军行动。

朱可夫首先奔赴乌克兰第一方面军司令部。到达后，他先走进瓦杜丁司令员的办公室。只见瓦杜丁披着大衣，坐在一间烧得很热的农舍中工作。看到这种情况，朱可夫知道他的身体显然不

是很舒服。

朱可夫给瓦杜丁简要地介绍了最高统帅部关于在最近展开进攻行动的决定，并听取了他对方面军部队行动计划所作的最后修正后，建议他吃点药躺下休息，以便发起进攻时能以充沛的精力工作。瓦杜丁同意了。

过了不到10分钟，电话铃响了。博戈柳博夫拿起听筒来，原来是瓦杜丁打来的电话，要参谋长到他那里去。

朱可夫决定和博戈柳博夫一同去。他们看到瓦杜丁又在标示关于当前进攻的工作图。

"我们不是说好了你休息，怎么又干起工作来了？"朱可夫问道。

瓦杜丁回答说："我想给最高统帅部写个关于进攻准备情况的报告。"朱可夫强迫他离开办公室，建议参谋长完成一切必要的工作，而这些都是参谋长的直接职责。

朱可夫对瓦杜丁这样评价说："瓦杜丁是一位对什么事情都放心不下的人。他对委托给他的事情有很高的责任感。"

1944年1月7日，朱可夫来到乌克兰第二方面军，次日该方面军攻占了基洛夫格勒。

随后，朱可夫又返回乌克兰第一方面军，着手研究科尔松—舍甫琴科夫斯基战役。朱可夫计划由乌克兰第一、第二两个方面军共同实施这一战役。

1月24日和26日，科涅夫和瓦杜丁的部队先后发起进攻，于28日完成了对科尔松—舍甫琴科夫斯基德军集团的合围。

2月14日，乌克兰第二方面军第五十二集团军部队占领了科尔松—舍甫琴科夫斯基，合围圈继续紧缩。德军士兵、军官和将军们开始懂得，答应给他们的援救不会来了，只能依靠自己。据俘虏供称，部队中充满了绝望情绪。尤其知道一些将军、师长和参谋官乘飞机逃跑后，这种情绪就更加强烈了。

2月16日夜间，下起了暴风雪。能见度降到10米至20米。德军重新闪现出了溜到利相卡与胡贝集群会合的希望。敌军突围的企图，被特罗菲缅科的第二十七集团军和乌克兰第二方面军近卫第四集团军粉碎了。

茨韦特科夫少将指挥的近卫步兵第四十一师的教导营的学员，战斗特别英勇。2月17日整整一个上午，进行了歼灭德军突围纵队的激烈战斗。突围的德军基本上被歼和被俘，只有一部分坦克和装载将军、军官和党卫军的装甲车得以突围。

至2月底，乌克兰第一方面军右翼已攻占卢茨克，舒姆斯科耶、舍彼托夫卡等地域，乌克兰第二方面军占领了经乌曼向莫吉廖夫实施突击的出发地域。

3月1日，根据最高统帅部的指令，朱可夫被任命为乌克兰第一方面军司令员。从这天起，朱可夫对方面军部队在这次战役中的成败承担起全部责任。对乌克兰第二方面军的指挥，由最高统

帅部负责。

3月4日，乌克兰第一方面军按既定部署展开进攻，包围德军曼施泰因的坦克集群。从3月7日起，这里展开了一场最残酷的战斗，这是从库尔斯克突出部会战以来所没有见过的。

8个昼夜，德军企图将苏军赶回出发地位。在削弱并疲惫了敌人的反突击部队后，在主要突击地段上的苏军得到方面军预备队，其中包括坦克第一集团军的加强，在3月21日粉碎了敌人的抵抗，开始迅速向南推进。

在整个战役期间，苏方面军部队前进达350公里。敌军防线被彻底粉碎。从捷尔诺波尔到切尔诺夫策，形成了巨大的缺口。为了封闭这个缺口，德军统帅部不得不仓促由其他战线，即由南斯拉夫、法国、丹麦和德国抽调大量部队。匈牙利第一集团军也被调到了这里。

苏方面军部队解放了57座城市、11个铁路枢纽、数百个居民地以及文尼察、普罗斯库罗夫、卡缅涅茨波多利斯克、捷尔诺波尔、切尔诺夫策这些州一级的中心城市。苏军进抵喀尔巴牙山山麓，将敌南方集团群的整个战略防线切成两段。从此，该集团群除了经过罗马尼亚外，再没有别的交通线了。

苏军再次显示了高超的作战技能，并取得了重大的胜利。苏军胜利的取得，不仅依靠战役组织和技术装备上的优势，而且有赖于高度的爱国主义精神和集体英雄主义。由于对祖国建立了十分突出的功勋，数千名士兵、军士、军官和将军荣获政府给予的高等奖赏。

朱可夫因战功卓著，被授予苏联最高军功勋章，即"胜利勋章"。这是一项极高的荣誉勋章，是苏联最高苏维埃主席团于1943年创设的，仅斯大林等苏联最高层的若干统帅大员才享有此项殊荣，而朱可夫则是获此勋章的第一人。

1944年4月22日，朱可夫奉命回到莫斯科最高统帅部，讨论1944年的夏秋季战局。

解放白俄罗斯

1944年5月20日，最高统帅将朱可夫、华西列夫斯基和安东诺夫被召去了统帅部，以便最后确定最高统帅部关于夏季战局计划的决心。

斯大林对朱可夫说："你是直接从前线来的，那么，你对德军的最新印象是什么？"

朱可夫回答说："德军已经做好了对我军进行顽抗所需的一切力量。至于德军的战略指挥能力，我想在经过斯大林格勒和库尔斯克的惨败后，他们的能力已经大大的降低了。另外，在与前几次的战争不同的是，德军统帅部已经变得相当"迟钝"了，他们缺乏机敏的应变能力，尤其是在复杂的情况下。"

"此外，在我们对德军高级将领们最近作出的一些决策分析看，德军对于自己的作战潜能缺乏正确的估计，同时，他们也错误地估计了我方的作战潜能。"

朱可夫自信一定能够取得战役的最后胜利：首先，他认为，德国中央集团军群在进行战役部署时形成了一个向东突出的突出部，为苏军创造了对其根部进行深远突击的有利条件；其次，在各个主要突击方向上，有可能在兵力和兵器方面形成对敌军的绝对优势。

朱可夫还主张，为了掩护他们这一真实的战略意

▲苏联领导人斯大林

图，应预先在其他方向发起一系列大规模突击，诱使敌人将尽可能多的战略预备队撤离白俄罗斯。

在审定了"巴格拉季昂"计划之后，最高统帅命令召集方面军司令员巴格拉米扬、切尔尼亚霍夫斯基和多科索夫斯基，以便听取他们的意见，并给他们下达制订各方面军计划的最后指示。

朱可夫负责协调白俄罗斯第一、第二方面军的行动，华西列夫斯基元帅负责另外两个方面军的协调。

在出发去前线之前，朱可夫与华西列夫斯基一道，仔细地研究了敌人防御的一切强点和弱点，以及各级司令部和部队应当采

取的措施。他们还同安东诺夫商妥了有关对部队、物资和最高统帅部预备队的集中进行监督的问题，以及有关通信联络和把最高统帅部在其他方向上采取的措施通知他们等问题。

6月5日，朱可夫到达白俄罗斯第一方面军指挥所，会见了司令员罗科索夫斯基和军事委员布尔加宁、参谋长马利宁。

在就战役计划有关的问题进行讨论之后，朱可夫同罗科索夫斯基、各集团军司令员、空军集团军司令员鲁坚科将军，以及方面军炮兵司令员卡扎科夫将军和装甲坦克和机械化部队司令员奥廖尔将军一起，又仔细讨论了方面军右翼的情况，并就当前战役准备工作的计划和实际措施，取得了一致的意见。

白俄罗斯第一方面军，特别是帕里奇南部集团部队实施进攻的主要困难，在于他们必须在不易通行的森林和泥泞的沼泽地作战。

正如朱可夫他们所估计的那样，德军统帅部很少想到苏军会在这个地域实施突击。因而该地敌军的防御实质上是据点式的，并无绵密的防线。而罗加切夫地域的情况则不同，那里的敌军有比较坚固的防御，其接近地也处于敌火力配系的射界内。

朱可夫指定总参谋部代表什捷缅科将军，负责白俄罗斯第二方面军的战役准备工作，他自己则主要负责承担主要任务的白俄罗斯第一方面军的准备工作。

朱可夫与方面军领导就战前准备工作，进行了周密研究并取得一致意见之后，立即来到白俄罗斯第二方面军。在那里，朱可夫和司令员扎哈罗夫一道去前线观察所，亲自了解和研究德军防御前沿的情况。

朱可夫从前线返回方面军司令部后，立即向斯大林报告了部队的情况，提出给两个方面军调运部队和物资的计划没有按期完成的问题。他建议把远程航空兵全部用于白俄罗斯战役，而推迟轰炸德国本土目标的时间。

斯大林接受了朱可夫的意见，并派空军元帅诺维科夫和远程航空兵司令员、空军元帅戈洛瓦诺夫，来到了朱可夫的指挥所。这样一来，地空协调问题，也就很容易得到解决了。

6月中旬，几个方面军进行了"巴格拉季昂"战役的预演。苏联最高统帅部的将军们和朱可夫及其全体参谋人员一起观看了这场演习。其中有3个军将充当先头部队击败扼守战略要地的德国中央集团军群。朱可夫认为击退了中央集团军群就意味着将纳粹德军彻底赶出了白俄罗斯和东波兰。

整个"巴格拉季昂"战役将在非常开阔的战场上展开。朱可夫说："我军将与20万敌人进行激战，他们装备有9599门火炮和迫击炮、900辆坦克和自行突击炮以及1300多架飞机。"

苏军在白俄罗斯发动进攻时，恰逢苏德战争爆发3周年。朱可夫强调说，这是一个在世界历史上具有重要意义的事件。

1944年6月23日，"巴格拉季昂"战役在白俄罗斯的土地上

打响了。进攻一开始，虽然气象条件在一定程度上限制了双方航空兵的行动，但在各个方向上立即展开了激烈的地面和空中的交战。很快，朱可夫就通过总参谋部了解到，在华西列夫斯基那里，突破敌人防御的战斗进行得很顺利，这使朱可夫他们感到很高兴。

白俄罗斯第二方面军也取得了良好的战果。格里申将军的第四十九集团军在莫吉廖夫方向上突破了敌人防御，并从行进间攻占了第聂伯河上的登陆场。

白俄罗斯第一方面军按计划对帕里奇展开了突击。帕诺夫将军的坦克第一军进入突破口后，第一天就向博布鲁伊斯克方向突进了20公里。这就使普利耶夫将军的骑兵机械化集群，得以在次日晨投入战斗。

6月25日，普利耶夫骑兵机械化集群和帕诺夫的坦克军在消灭退却之敌的同时，开始迅速向前推进。第二十八和第六十五集团军也坚定地展开了突击。坦克和炮兵部队在通过帕里奇方向的森林地段时，把一些沼泽地翻搅得十分厉害，使得牵引车都难于通行。

6月27日，在博布鲁伊斯克地域形成了两个包围圈，被包围的是德军步兵第三十五军和坦克第四十一军，总数共达4万人。

朱可夫未能目睹肃清博布鲁伊斯克敌军的情形，但是却看见了在它东南面的德军是如何被消灭的。鲁坚科的空军第十六集团军的数百架轰炸机协同第四十八集团军，对敌军集群实施了一次又一次的突击。战场上燃起了大火，成千上万辆汽车、坦克以及大量的润滑滑油料在熊熊燃烧。整个战场都被炽烈的火光所照亮。一批又一批苏联轰炸机群，按火光判定方位，飞来投下了各种圆径的炸弹。

德国士兵疯狂地四处逃窜，不愿投降就俘的，立即被消灭掉。德军步兵第三十五军军长吕特佐夫将军也在被俘之列。

彻底肃清博布鲁伊斯克地域敌军的任务，交给了罗曼连科的第四十八集团军和第六十五集团军的步兵第一〇五军。第三和第六十五集团军，坦克第九军和近卫坦克第一军则奉命不在博布鲁伊斯克地域停留，而向奥西波维奇的总方向迅猛进攻。6月28日，他们攻克了该城市。6月29日，博布鲁伊斯克市的敌人也被彻底肃清。

粉碎维捷布斯克和博布鲁伊斯克地域的敌军后，苏军的两翼集团即大大地推进到敌人纵深，构成了合围敌中央集团军群的基本兵力的直接威胁。

6月28日，最高统帅部经与朱可夫、华西列夫斯基以及各方面军司令员商议之后，明确了部队的后续任务。

波罗的海第一方面军奉命解放波洛茨克，并向格卢博科耶进攻。白俄罗斯第三和第二方面军的任务是解放白俄罗斯首都明斯克，白俄罗斯第一方面军的任务则是以主力在斯卢茨克—巴拉诺

维奇方向实施进攻，并以部分兵力向明斯克发展突击，以便从南面和西南面包围明斯克。

最高统帅部的这一具体企图，是以战役的总计划为依据的。该计划所确定的目的是要包围和歼灭"中央"集团军群的全部兵力，而苏军的兵力和部署是完全适应所受领的任务。

7月3日，苏军解放了白俄罗斯首都明斯克，同时，苏军还切断了德军的一支主力部队的退路，将他们包围在了明斯克以东。被包围的德军包括第十二、二十七和三十五步兵军和第三十九、四十一装甲军，总数超过10万人。

经过战火的摧残，明斯克的面貌已难于辨认了。朱可夫任团长和旅长时，曾有7年时间住在明斯克。他熟悉这个城市的每一条街道和一切重要建筑物，熟悉它的桥梁、公园、运动场和影剧院。现在这一切都成了废墟，住宅区则变成了一堆堆碎砖乱瓦。

后来，根据明斯克的官方统计，德军在撤离这座城市之前，破坏了300座工厂，放火烧毁了78所学校、国家艺术馆、芭蕾舞院、歌剧院以及这座城市所有的文化中心和图书馆。

明斯克的居民给朱可夫留下了最沉重的印象，他们中大多数人受尽了折磨，极度虚弱。在明斯克解放时，许多人都泪流满面。无论德军怎样抵抗，到7月11日，被围的10万德军还是全部被击溃、俘虏和消灭。在被俘的3.5万名德军中，有12名将军，其中包括3名军长、9名师长。

此后，又用了几天时间搜捕那些企图逃窜出去，与自己部队会合的一群群的敌军官兵。由于德军退却得很快，这些零散的敌军根本不可能再与自己的大部队会合。当地居民和游击队员在肃清敌人方面给了苏军很大的帮助。

7月下旬，德国最高统帅部发现自己陷入了一个极其艰难的境地，再加上波罗的海第二和第三方面军开始发起的猛攻以及盟国远征军在西线的压力，使得这一处境更加艰难。

德国中央集团军群遭受到了严重的伤创，在各个被包围地区损失了30多个师。德军被赶出了白俄罗斯和立陶宛的大部分领土。

到了苏德战争的第四年夏初，苏联红军已经把纳粹侵略者及其追随者赶出了苏联的广阔领土。德军除了在人员上伤亡以外，在装备方面，德军也损失了数以万计的火炮、迫击炮、坦克和飞机。

德军尽管元气大伤，但是他们还在试图积蓄力量、东山再起，在此的确又发动了一些凶猛的反扑，但是在人员和装备方面，他们再也无法恢复往日的优势了。

1944年8月，华沙发生了武装起义，大约4万名波兰人拿起了武器来进行反对德国的占领军，红军也在东部波兰陷入了窘境。起义军想赶在苏联人来之前解放自己的国家，因此他们并没有将起义的计划预先通知苏联方面，而是直接听命于流亡英国的波兰

政府的指示。

事实上，这个流亡政府反对苏联的程度绝对不亚于反对希特勒。红军进入波兰后一直在与德军展开激烈的交战，而波兰人并未得到红军的援助。由于苏联政府没有向组织起义的波兰本土军提供支援，因此经常遭到谴责，说苏联故意按兵不动，没有丝毫的人道主义。

为了帮助危难中的波兰人，8月初，美英部队的重型轰炸机开始空投各种物资，但是数量实在太少了，而且还有一部分落入到了德军手中。希特勒的部队残酷地镇压了起义，他们向波兰人民实行了疯狂的报复。

8月29日，苏军到达叶尔加瓦、多贝莱、奥古斯托夫，那累夫河和维斯瓦河，胜利结束了白俄罗斯战役，解放了白俄罗斯全部领土和立陶宛部分领土，并解放了波兰东部，逼近东普鲁士的华沙。

9月初，朱可夫抵达华沙前线后立即电告斯大林，德军在波兰的势力非常强大，想在这个时候渡过维斯瓦河几乎是不可能的。

苏联红军在波兰战役中伤亡的人数有50万人，从这个巨大的数字上，我们不难看出，当时希特勒在波兰的军事力量是多么的强大！

苏联红军在白俄罗斯战役中的取得的胜利，证明了苏联的军事学术已经达到了高超水平。合围这种作战方法得到了进一步发展，并且合围与歼敌被作为了一个统一的过程进行实施的，这也是苏联红军以前未曾有过的。坦克集团军和坦克军迅猛有力的行动，使在博布鲁伊斯克地域和明斯克以东地域合围德军集团得以迅速完成。

在这次战役中，朱可夫和华西列夫斯基协调四个方面军在宽大正面上同时突破敌军防御，围歼敌军重兵集团，并在宽大纵深高速进击退却之敌，表现出卓越的指挥才能。为此，两人均获得胜利勋章。

直捣第三帝国巢穴

1944年9月底，朱可夫从保加利亚回到最高统帅部。数天后，他受最高统帅的委托，前往华沙白俄罗斯第二方面军。

此时，苏军已将德军全部逐出了苏联国境，收复了除库尔兰以外的全部苏联领土，并把战斗行动部分转移到了法西斯德国和东欧国家的领土上。

1944年11月16日，朱可夫出任白俄罗斯第一方面军的司令。

在决定直接对柏林实施突击之前，在西部战略方向上先进行两个巨大的进攻战役：一个由白俄罗斯第三和第二方面军的兵力在东普鲁士实施，另一个由白俄罗斯第一方面军和乌克兰第一方面军的部队在华沙——柏林方向上实施。

从12月8日到10日，就在进攻的前一个月，方面军司令员组织了战役模拟，所有集团军司令员和方面军各兵种的首长都被叫来参加了这次模拟导演。在经过了演练这次战役的实际打法后，对于以后在制订后勤保障措施方面提供了很大的帮助。

1945年1月初，红军部队做好了战斗准备，准备实施突击，横扫中欧、东欧。而此时，同德军对阵的苏军共有七个方面军。

维斯瓦河——奥得河战役预定由朱可夫的白俄罗斯第一方面军、科涅夫的方面军以及乌克兰第4方面军之一部，在罗科索夫斯基的方面军部分部队的配合下，在华沙——柏林总方向上实施。同时，波兰第一集团军也将参加这次战役。

朱可夫知道这次进攻的目的地正是柏林，因而他非常愿意指挥这个将担任主攻任务的方面军。朱可夫享受到了把自己的战略方针付诸战术实践的乐趣，而这正是参谋军官们可望而不可

▲朱可夫发布命令进军柏林

即的。

按照苏联的说法，这次战役的政治目标，就是要把波兰从德国人手中解放出来，并且帮助建立起一个强大的独立的民主国家。

战略目标是消灭掩护着德国一些重要的集团军群，并且为最后进攻柏林创造有利条件。另外，这次战役还有一个目标，就是要把敌军部队从西欧的战场吸引过来，以缓和美军和英军由于德国法西斯军队在阿登山区和孚日山区的攻势而陷入困境的压力。

这次战争的方针是：向波兹南和布雷斯劳方向，对德军实施两个强大的突击，把防御的敌军分割成孤立的集团，然后分别予以歼灭。

苏军的近卫坦克第一、第二集团军和坦克第九军，于战役第二天投入交战。它们的突击立即震撼了敌人整个战术和战役防御。近卫坦克第二集团军迅猛前出到日拉尔杜夫—索哈切夫地域，以及第四十七集团军攻占华沙以北的维斯瓦河南岸，迫使敌人开始从华沙迅速撤退军队。敌人撤离华沙时，对该城进行了全面破坏，并对居民进行了大规模的屠杀。

白俄罗斯第二和第三方面军，在白俄罗斯第一方面军的右面作战。它们受领的任务是粉碎东普鲁士德军集团，并占领东普鲁士。白俄罗斯第二方面军的主力集团应前出到马林堡地域，切断敌东普鲁士集团与东渡美拉尼亚、但泽和格丁尼亚的联系。

该方面军应由鲁日阿内登陆场经姆瓦瓦向前进攻。同时并由谢罗茨克登陆场对别尔斯克、利普诺总方向实施辅助突击。第七十集团军的左翼应沿维斯瓦河北岸推进，其任务是不让敌军从白俄罗斯第一方面军进攻地带内撤过维斯瓦河。

　　1945年1月14日，白俄罗斯第一方面军转入进攻后，战役得到顺利的发展。

　　朱可夫从担任白俄罗斯第一方面军司令员职务的最初阶段起，就竭力鼓励整个领导集体的高度创造精神和团结一致的精神，并且巧妙地引导领导集体努力完成各项任务。

　　朱可夫司令员密切地注视着战役的进展，他严格地控制，一丝不苟地要求执行计划和命令，朱可夫还要求有关负责人要对自己组织和后勤能力的缺乏承担相应的责任。

　　1月17日，朱可夫领导的白俄罗斯第一方面军部队已与乌克兰第一方面军部队位于同一线上。波兰第一集团军当日进入华沙，随后进入的是苏军第四十七和第六十一集团军的部队。

　　朱可夫和其他方面军军事委员们巡视了波兰首都华沙后，曾向最高统帅报告说：

　　　　波兰首都华沙已被法西斯强盗毁掉。希特勒分子是些残酷的禽兽，他们把一个个街区都破坏了。大型工业企业已从地面上消失。住房不是被炸毁就是被烧掉，城

市公用设备已不能使用。成千上万的市民惨遭杀害，其余的则被赶走。市内一片死寂。

让朱可夫感到特别难过的是波兰的士兵和军官。在回忆录中，朱可夫这样写道：

> 我曾看见这些受过战火锻炼的军人怎样痛哭起来，宣誓要严惩丧失了人性的敌人。至于苏联军人，我们大家也痛恨到极点，决心为法西斯分子所犯下的暴行而狠狠地惩罚他们。

部队勇猛地摧毁了德军的一切抵抗，急速地向前推进。

1945年3月29日，朱可夫奉命带着白俄罗斯第一方面军的柏林战役计划返回莫斯科。这一计划是方面军领导人和司令部在3月份制定的。一切原则问题基本上都同总参谋部和最高统帅部商议过。这就使他们能够送呈一份很细致的计划给最高统帅部审批。

当天晚上，斯大林把朱可夫叫到他的克里姆林宫办公室。斯大林默默地同朱可夫握过手后，与往常一样，似乎是继续不久前中断的谈话似的说道："德国的西方战线已彻底崩溃了，看来希特勒军队并不想方设法阻止盟军的推进。然而在同我们作战的各个重要方向上，他们却在加紧部署兵力。你瞧瞧这张图上的关于德军的最新情况。"

斯大林抽着烟斗，继续说道："我看，将会有一场恶战。"然后，他问朱可夫对柏林方向上敌人的形势估计。

朱可夫取出自己的前线侦察图，放在最高统帅面前。于是斯大林仔细地察看柏林战略方向上德军的战役战略部署。根据情报，德军在柏林方向共有4个集团军群，其编成不少于90个师，其中包括14个坦克师和摩托化师。此外，还有37个独立团和98个独立营。

后来查明，德军在柏林方向的兵力不少于100万人，有1.04万门火炮和迫击炮，1500辆坦克和强击炮以及3300架作战飞机，在柏林还编组有20万人的守备部队。

"我军什么时候能够开始进攻呢？"斯大林问道。

朱可夫报告说："白俄罗斯第一方面军不迟于两周之后就可开始进攻。乌克兰第一方面军大致到那时也能做好准备。白俄罗斯第二方面军，从各方面的情况看来，将拖到4月中旬才能彻底肃清但泽和格丁尼亚地域的敌人，因而不可能同白俄罗斯第一方面军和乌克兰第一方面军同时从奥得河展开进攻。"

"有什么办法呢！"斯大林说，"只好不等罗科索夫斯基就开始了。即使他迟几天也妨碍不了大局。"

随后，斯大林走到书桌前，从一些纸张中翻出了一封信。

-273-

"你读一读看。"他说。

信件来自一位外国的同情者。信中说，希特勒的代理人同盟国的官方代表进行了秘密会谈，这些会谈表明，德国人建议盟国在德国同意单独媾和的条件下停止对德作战。信中还说，盟国似乎是拒绝了德国人的要求，然而德国人仍然可能对盟军开放到柏林的通路。

"你对这个问题怎么看呢？"斯大林问道。但他未等朱可夫回答，又说："我想罗斯福不会破坏雅尔塔协定，至于丘吉尔，这个人是什么事都干得出来的。"

斯大林走到书桌前，打电话给安东诺夫，命他马上前来。15分钟后，安东诺夫就来到了斯大林的办公室。

"罗科索夫斯基那里的情况怎么样？"斯大林问道。

安东诺夫报告了但泽和格丁尼亚地域的局势和作战情况。斯大林又问他："华西列夫斯基在柯尼斯堡地域的情况如何？"

安东诺夫又报告了白俄罗斯第三方面军的情况。

斯大林把刚才给朱可夫看过的信，又默默地交给安东诺夫看。安东诺夫看过之后，说："这是希特勒分子和英国政府当局秘密勾结的又一证明。"

斯大林对安东诺夫说："你打电话给科涅夫，命令他4月1日带着乌克兰第一方面军的战役计划到最高统帅部来。这两天你同朱可夫再作些研究。"

第二天，安东诺夫给朱可夫介绍了柏林战役的战略计划草案，该草案全部包括了白俄罗斯第一方面军的进攻计划。朱可夫仔细研究了最高统帅部制订的柏林战役计划之后，认为这一计划制订得很好，完全符合当时的战役战略形势。

　　3月31日，乌克兰第一方面军司令员科涅夫元帅到达总参谋部后，立即参加了对柏林战役总计划的研究，随后他又报告了乌克兰第一方面军的进攻计划草案。

　　1945年4月1日，最高统帅部听取了安东诺夫关于柏林战役总计划的报告。之后，又听取了朱可夫有关白俄罗斯第一方面军进攻计划的报告和科涅夫有关乌克兰第一方面军进攻计划的报告。

　　斯大林不同意标在总参谋部图上的白俄罗斯第一方面军和乌克兰第一方面军之间的整个分界线，他勾掉了从尼斯河到波茨坦的分界线，另画了一条只到在柏林东南60公里的线。

　　同时，朱可夫又指示科涅夫元帅说：“倘若敌人在柏林的东接近地上进行顽强的抵抗。以致白俄罗斯第一方面军的进攻受阻，乌克兰第一方面军应准备以各坦克集团军从南面突击柏林。”

　　4月1日晚，在有朱可夫在场的情况下，最高统帅签署了下达给白俄罗斯第一方面军的关于准备和实施攻占柏林的战役的训令，以及在12至15日内前出到易北河的指令。

　　随后，朱可夫从莫斯科打电话给方面军参谋长马利宁上将，

告诉他说："全部批准了，没有什么特别的变化。我们的时间很少，你马上采取措施。我明天乘飞机回去。"这一简短的指示，已足以使马利宁理解，必须立即着手实施计划规定的战役准备措施。

在战役准备过程中，曾向战役参加者表演了探照灯照射的效果，结果大家都一致同意采用这种办法。

进行军事导演时，在演练突破敌奥得河战术防御的过程中，曾认真地讨论了有关坦克集团军的使用问题。考虑到敌军在泽劳弗高地上有坚固的战术防御，遂决定在攻克这些高地后，才将坦克集团军投入交战。

在准备这次进攻时，苏军方面军领导人仔细地考虑了，怎样使这次突击组织得令敌人感到最为突然。他们决定使用大量航空兵、坦克、炮兵和物资储备，突然全力地猛攻防守的德军，争取迅速压住敌人，打它个措手不及。

然而，要在短期内在作战地域内隐蔽集中如此大量的技术兵器和器材，需要进行无比庞大的工作。无数载有炮兵、迫击炮兵和坦克部队的列车，经过整个波兰滚滚而来。

从外表上看，这全是些民用列车，平板车上运的都是木材和干草。然而，一旦列车到达卸车站，撤去伪装之后，就有坦克、火炮、牵引车开下平板车，并立即驶入掩蔽工事。空的列车向东驶去，而越来越多的载有技术兵器的新的列车又源源不断地开来。就这样，方面军补充了大量的重型火炮、迫击炮、火炮牵引车和其他技术兵器。

3月29日，当波美拉尼亚最后的枪炮声停息后，炮兵和坦克定守着严格的伪装规定，开始向南调动。奥得河东岸所有的大小森林都驻满了部队。柏林方向上集中了数万门各种口径的火炮和迫击炮，需要给每门火炮构筑发射阵地、炮手班用的土窑以及弹药壁坑。

白天，登陆场上往往荒无人迹，但一到夜晚就活跃起来。成千上万的人在用铁铲、铁棒、十字镐掘地。由于春天地下水即将到来和泥泞季节已经开始，这一工作变得更加困难。大战前的几天晚上，总共掘土达180多万立方米。而一到清晨，却看不见这一巨大作业的丝毫痕迹，因为对一切都作了仔细的伪装。

夜间，坦克、炮兵以及装载弹药、燃料和粮食的车辆，行驶在许许多多的道路上和田野里。战役开始前，光是炮弹就需储备714.7万发。为了保证苏军进攻作战的胜利，在供应方面决不能有丝毫的中断。战役的特点要求将弹药从方面军仓库不停留地直接运往部队，而不经过集团军和师的仓库的中间环节。

德军统帅部也把第九集团军的主要兵力都配置在奥得河一线前沿。他们还在柏林的东北地域，组建了"曼施坦因"集团军群和精锐的海军陆战部队，其任务是一旦朱可夫的部队从奥得河发起进攻，即从其侧翼实施突击。

为了出奇制胜，朱可夫打破常规，决定不在黎明时分发动进攻，而是天亮前两小时实施夜间出击。

1945年4月16日凌晨5时，朱可夫发出攻击命令。立刻，数千门火炮、迫击炮和"喀秋莎"火箭炮射击的火光，把整个大地照得雪亮。紧接着响起了火炮发射以及炮弹、迫击炮弹和航空炸弹爆炸的震天动地的隆隆声。在空中，轰炸机的不间断的轰隆声也越来越大。

再看敌军，在最初一瞬间还响了一会儿机枪，随后便转入一片寂静。在30分钟猛烈的炮火射击过程中，敌人未发射一发炮弹，这表明敌人已受到充分压制，其防御配系已被打乱。于是，朱可夫决定缩短炮火准备的时间，立即发起总攻。

空中立即升起了数千枚五彩纷飞的信号弹。根据这一信号，间距为200米的140部探照灯一下子都开亮了起来。一千多亿度电光照亮了战场，它使敌人目眩眼花，它从黑暗中显露出苏军坦克和步兵的冲击目标。

朱可夫这样回忆说：

这是一个给人留下非常强烈印象的场面，可以说，我一生从未有过类似的感受。

炮兵更加猛烈地射击，步兵和坦克协同一致地冲向前去，猛烈的两层徐进弹幕射击伴随着他们冲击。到黎明时,苏军已克服敌军的第一阵地,并开始冲击第二阵地。

在交战的第一昼夜,德军部队受到苏军凶猛的攻击后,被迫退到泽劳弗以东的高地。泽劳弗高地处在苏军向柏林进攻的途中,高居四周地势之上,向东的坡面陡峭,它的后面是一片高原。

从4月17日清晨起,在方面军的各个地段上展开了激烈的交战,敌军进行拼死的抵抗。然而到了傍晚,头天投入交战的苏各坦克集团军,在各诸兵种合成集团军的协同下,在一系列的地段上突破了泽劳弗高地的防御。敌人经受不住苏军坦克集团军的突击,开始退却。4月18日晨,泽劳弗高地终于被苏军攻克了。

突破泽劳弗防线后,苏军就有了将所有的坦克兵团在宽大正面上投入交战的可能。

1945年4月20日,库兹涅佐夫上将指挥的第三突击集团军所属步兵第七十九军的远程炮兵,对柏林开火射击。对法西斯德国首都具有历史意义的冲击开始了。

4月21日,第三突击集团军、近卫坦克第二集团军、第四十七集团军和第五突击集团军的部队,进至柏林城郊,并在那里展开了战斗。第六十一集团军、波兰第五集团军和方面军的其他兵团则绕过柏林,迅速向易北河推进,以便在当地与盟军会师。

1945年4月30日这一天,将永远记载在苏联人民同法西斯德

国斗争的历史上。

这一天的14时25分，苏第三突击集团军的部队攻占了德国国会大厦的主要部分。为争夺国会大厦，两军进行了一场血战。通往大厦的接近地，为一些坚固的建筑物所掩护，这些建筑物属于柏林第九防御地区的配系。防御国会大厦地域的，是精锐的党卫军部队，总数约六千人，装备有坦克、强击火炮和大量的炮兵。

从4月29日晨到4月30日黎明，在国会大厦附近进行了激烈的战斗。与此同时，步兵第一五〇和第一七一师各部队做好了强击国会大厦的准备。

4月30日11时，在火炮和迫击炮急袭射击之后，这两个师各

▲1945年4月30日，苏联红军将胜利的红旗插到了柏林国会大厦顶端

团的强击营以及邦达里亚少校和马科夫上尉的炮兵侦察组转入冲击，企图从三个方面攻占国会大厦。

当日13时，在进行了30分钟炮火准备之后，重新开始了迅猛的冲击。在国会大厦前面和为争夺大厦的主要入口，展开了火力战和白刃战。

14时25分，步兵第一七一师由萨姆索诺夫上尉指挥的一个营，以及步兵第一五〇师由达维多夫少校和涅乌斯特罗耶夫大尉指挥的两个营，冲进了国会大厦。然而，即使在占领了大厦下面的各层楼以后，敌守备部队仍不肯投降。在大厦内部还进行了激烈的战斗。

18时，对国会大厦又进行了强击。步兵第一五〇和第一七一师的部队，一层楼又一层楼地肃清敌人。

4月30日21时50分，叶戈罗夫中士和坎塔里亚下士在国会大厦的主楼圆顶上，升起了集团军军事委员会授予他们的胜利的旗帜。

第三突击集团军司令员凡库兹涅佐夫将军，亲自监督攻克国会大厦的这一历史性战斗，他打电话到指挥所，兴高采烈地向朱可夫报告说："国会大厦上升起了红旗！元帅同志，乌拉！"

听到这个消息，朱可夫也异常的激动，他说：

亲爱的库兹涅佐夫，衷心祝贺你和你的士兵们所取

得的光辉胜利。苏联人民将永远不会忘记这一具有历史
意义的功勋。

争夺柏林的战斗，是一场你死我活的战斗。为了结束对侵犯
祖国自由的敌人所进行的这场正义战争，许多人在过去战斗中受
伤的伤口尚未痊愈，伤员们不肯离队，大家都奋勇向前。大家都
精神振奋地来完成一件伟大的工作——把胜利的旗帜升起在柏林
的上空。

在柏林战役中，苏军消灭德军100多万人，俘虏80多万人，
缴获和摧毁敌机6000架、1.2万辆坦克和自行火炮、2.3万门野战
炮等。但苏军也付出伤亡30万人的代价。这场大战终于随着第三
帝国的失败而告终了。

主持受降签字仪式

    1945年5月2日15时，柏林的德军被彻底解决。这一天，朱可夫的心情特别好，因为这一天是苏联人民以及全世界人民取得伟大胜利的日子。最高统帅斯大林在命令中说道：

> 白俄罗斯第一方面军部队，在乌克兰第一方面军部队协同下，经过顽强的巷战，彻底粉碎了柏林德军集群，并于今日，5月1日，全部攻占了德国首都柏林市这一德国帝国主义的中心和德国侵略的发源地。

    5月3日清晨，朱可夫和柏林卫戍司令员别尔扎林、第五集团军军事委员博科夫、方面军军事委员捷列金以及其他人一起，视察了柏林国会大厦。

    国会大厦是一幢庞大无比的建筑物，它的墙壁只有使用大口

径火炮才能够打透。大厦的圆屋顶和屋顶上各式各样坚实的建筑，使敌人能在所有的方向上构成多层火力。国会大厦内部的作战条件，也是非常艰苦而复杂的。在这种条件下，战士们不仅需要具有英勇无畏的精神，而且要善于敏捷地判断情况，时刻保持警惕和戒备，善于隐蔽，并精确地对敌人射击。

在国会大厦入口处，朱可夫看见柱子上涂满了苏联军人的留言。朱可夫和其他几位高级将领也留下了自己的签名。士兵们根据签名认出了他们的统帅，并把他们紧紧地围了起来。于是，朱可夫和几位将军不得不停留个把小时，同他们谈谈心。

5月7日，斯大林打电话到柏林，通知朱可夫说："苏军最高统帅部的代表由你担任。维辛斯基明天就会到达你那里。在投降书签署后，他将留在柏林，充任你的政治助理。"

在柏林东部的卡尔斯霍尔斯特，在德国军事工程学校原为饭厅的一幢两层楼房里，准备了一间厅堂，投降的签字仪式就在这里举行。

1945年5月9日零时整，朱可夫他们走进大厅，大家在桌旁坐好。桌子靠墙放着，墙上挂着苏、美、英、法四国的国旗。

朱可夫在受降仪式揭幕时宣布：

我们，苏军最高统帅部和盟军最高统帅部的代表，

受反希特勒同盟各国政府的委托，来接受德军统帅部代

表德国作无条件投降。

在宣读了与会者名单后，朱可夫对站在门口的军官吩咐道："请德国最高统帅部代表进入大厅。"

第一个走进来的是希特勒的主要助手凯特尔元帅。他慢慢地走着，努力保持镇静。他举起拿着元帅杖的右手，向苏军和盟军最高统帅部的代表致敬。跟随凯特尔进来的是什图姆普弗上将，他是个矮个儿，眼睛里充满了凶狠而又无能为力的表情。一起进来的还有未老先衰的弗雷德堡海军上将。

德国人被安置在离门不远，专为他们准备的一张单独的桌子旁边。凯特尔慢慢地坐下来，并抬头凝视着坐在主席团旁边的朱

▲朱可夫元帅率领的苏联代表团在德国投降签字仪式上

可夫他们。什图姆普弗和弗雷德堡也紧靠在凯特尔坐下。随从军官们则站在他们的椅子后面。

朱可夫问德国代表团："你们手里有没有无条件投降书？你们是否已研究过它并有全权签署它？"

"是的，我们已研究过并准备签署它。"凯特尔用嘶哑的声音回答说。同时将邓尼兹海军上将签署的一份文件交给朱可夫。该文件证明，凯特尔、弗雷德堡和什图姆普弗有权签署无条件投降书。

朱可夫站起来说："建议德国代表团到桌子这儿来签署无条件投降书。"

凯特尔用不友善的目光扫了朱可夫他们一下后，随即站了起来，垂下眼睛，慢慢从桌子上拿起他的元帅杖，迈着迟缓的步子走到桌子跟前。他的单眼镜掉了下来，挂在镜绳上，脸上满布着红斑。

什图姆普弗、弗雷德堡和随从的德国军官，也跟在凯特尔走到桌子跟前。凯特尔戴上单眼镜，坐到椅子边上，用颤抖的手签署了5份投降书。什图姆普弗、弗雷德堡也签上了自己的名字。

5月9日零时43分，签字仪式宣告结束。"德国代表团可以离开大厅了。"朱可夫宣布。

凯特尔、什图姆普弗、弗雷德堡站起来，鞠躬敬礼之后，就低着脑袋，退出了大厅。他们的参谋军官也跟着退了出去。

这时，朱可夫宣布：

我以苏联最高统帅部的名义，为这一长久期待的胜利，向所有在场的人表示衷心的祝贺！

大厅里顿时响起一片难以形容的欢呼声。大家都在互相握手祝贺，许多人的眼里涌出了欢乐的泪水。

随后，索科洛夫斯基、马利宁、捷列金、安季品科、科尔帕克奇、库兹涅佐夫、博格丹诺夫、别尔扎林、博科夫、别洛夫、戈尔巴乔夫等战友，把朱可夫围了起来。

朱可夫对战友们说：

亲爱的朋友们，伟大的荣誉落到了我和你们身上。人民、党和政府信任我们，要我们在最后的交战中，率领英勇的苏军强击柏林。苏联军队，包括你们这些在争夺柏林的交战中指挥部队的人，光荣地完成了这一信任。

遗憾的是，有许多人已不在我们中间了。否则，他们将为这长久盼望的胜利，而多么欢欣鼓舞啊！他们正是为了这个胜利而毫不动摇地献出了自己的生命……

　　当想起未能活到这一欢乐日子的亲人和战友们时，这些习惯于毫不畏惧地正视死亡的人们，无论如何也无法控制自己，都禁不住流下了泪水。

　　在热烈的气氛中，庆祝胜利的宴会开始了。朱可夫举杯祝贺反法西斯同盟对德国取得的胜利。随后，英国将军特德、法国将军塔西厄和美国将军斯巴兹依次祝酒。苏军将领们也祝了酒。大家都希望反法西斯同盟各国间的友好关系能永远巩固。

　　庆祝宴会一直持续到清晨，朱可夫还高兴地跳起了"俄罗斯舞"。此时此刻，每个人的心中都充满了无尽的喜悦。

第五章 战后风云

所谓爱国心，是指你身为这个国家的
国民，对于这个国家，应当比对其他一切
的国家感情更深厚。

——朱可夫

出任驻德苏军总司令

大战结束后，朱可夫出任驻德苏军总司令和苏联占领区最高军事行政长官。朱可夫随即致力于恢复柏林的社会生活秩序，处理与同盟国驻军之间的事务。

柏林市内战斗的结果，使该市的建筑物遭到了严重的破坏。市内的交通完全停滞。地下铁道30%以上的车站灌满了水，有255座桥梁被德军炸毁，市内电车的车场和动力系统全遭破坏，发电站、供水厂、煤气厂、下水道全部停止了工作。

更为严重的是，柏林居民已经有几个星期没有得到任何粮食供应了。柏林苏联驻军开始扑灭大火，组织搬运和掩埋尸体，以及扫除地雷。

朱可夫认识到，不广泛地吸收当地居民参加积极的工作，苏军当局是无法解决这一切问题的。

1945年4月23日，由朱可夫签发的白俄罗斯第一方面军军事委员会第五号命令宣布：

> 德国境内红军占领区的一切行政权力，由军事当局
> 通过各城市和地区的卫戍司令员行使之。
> 每个城市均任命卫戍司令员。民政权力机构由当地
> 居民组成：城市设市长，较小的市镇以及村庄则设镇长
> 和村长；市长、镇长和村长在督促居民执行一切命令和
> 号令方面对军事当局负责……

在苏联军事当局的控制下，柏林实行了粮食供应的配给制。苏联政府对德国的第一项援助，就是给柏林运来了9.6万吨谷物、60000吨土豆、50000头供屠宰的牲畜，以及糖、油和其他食物。由于采取了这些紧急措施，使德国居民避免了饥饿的威胁。

由于苏军积极的行动，使具有民主倾向的居民的积极性迅速高涨，由纳粹党人所煽起的怀疑和怕受惩罚的心情逐渐消失了。

有一天，朱可夫乘车路过柏林市郊。他看到衣着十分杂乱的一群人，其中有许多妇女和孩子，也有苏联士兵。于是，朱可夫让司机停下车，走过去看看。当时，朱可夫心想，这些老百姓大概是从法西斯集中营里出来的苏联人。然而，走过去一看才发现他们是德国人。

于是，朱可夫就站在一旁，一面观察，一边听着他们谈话。

这时，手里抱着一个4岁左右、长着淡黄头发的德国男孩的士兵说道："当我的一家从科诺托普撤退时，我失去了妻子、年幼的女儿和儿子。他们是在火车里被德国飞机炸死的。仗打完了，我一个人孤单单地怎么生活呢？既然这男孩的父母都被党卫队枪毙了，就把他给我吧！"

不知什么人开玩笑地说："这小家伙倒是像你呢！"

身旁一个女人用德语说道："不行，不能给。这是我的侄儿，我要亲自把他抚养大。"有人作了翻译，这个士兵听后深感

▲朱可夫在德国国会大厦前

失望。

站在旁边的朱可夫禁不住插进去说道："听我说，朋友，你回到祖国，还不能给自己找个儿子吗？我们那里的孤儿有的是！你找个带娘的孩子，那不更好。"

士兵们听着哈哈大笑，连那个德国孩子也笑起来了。战士们解开自己的挎包，把面包、罐头、食糖分给在场的孩子和妇女们。抱在战士手中的男孩还得到了糖果。那个士兵在男孩的脸上亲吻了一阵，深深地叹了一口气。

朱可夫走到这个士兵的跟前，紧紧地握住了他的手。虽然朱可夫穿着皮外套，没有戴肩章，但还是很快被认出来了。于是他不得不在这里耽搁半个来小时，回答周围的人提出来的许多问题。

1945年5月9日，米高扬受苏联国防委员会委托来到柏林。他到后，立即想看看城内生活恢复的情况。朱可夫和米高扬在一家粮店附近下了车，这家粮店正在按苏军当局颁发的卡片，给德国居民分发粮食。米高扬去找正在排队的妇女谈话。这些妇女都是一副衰弱不堪的样子。

"苏军占领柏林后，你们感觉怎么样？"米高扬问，"你们大胆地讲吧，这是朱可夫元帅，他会考虑你们的要求，并尽力帮助你们。"

"这是米高扬，"朱可夫说，"苏联人民委员会副主席，他

受苏联政府委托，来看看你们生活得怎样，有什么需要，以便给柏林人尽可能的帮助。"翻译员把这些话，翻译给在场的德国人听。

人们马上围着米高扬和朱可夫，争先恐后地讲起来："从来没想到，这么大的俄国首长会到我们这里来走访和关心普通德国人的生活。过去他们老是拿俄国人来吓唬我们。"

一位年近半百的妇女走到米高扬面前，激动地说："我们德国妇女十分感谢，感谢你们使我们免于饿死。"她又对站在身旁的一个男孩说："快给苏联首长行礼，谢谢给的粮食和对我们的友好态度！"男孩默默地鞠了一个躬。

不久，德国共产党的领导人威廉·皮克、瓦尔特·乌布利希等来到柏林。他们与左派社会民主党领导人奥托·格罗提渥开始了积极的谈判，以便由共产党人和左派社会民主党人建立德国统一的社会党。

1946年4月21日，德国统一社会党成立了。从此，德国人民有了自己的领导核心。

担任胜利阅兵式首长

1945年5月中旬，最高统帅命令朱可夫去莫斯科。朱可夫不知道叫他去的目的，也不便于询问，因为这不符合军人的习惯。

到达莫斯科后，朱可夫就到总参谋部去找安东诺夫。从他那里得知，国防委员会正在研究如何履行苏联对美国和英国承担的新的义务，即参加对日作战的问题。总参谋部正在加紧拟制陆、空、海三军在远东的战斗行动计划。

朱可夫从总参谋部打电话给斯大林，报告他已经到达。斯大林指示朱可夫20时到克里姆林宫去。剩下的时间还绰绰有余，于是朱可夫便乘车去见加里宁。加里宁曾往柏林给朱可夫打过电话，要他到莫斯科后一定去找他，给他介绍柏林战役的情况。

与加里宁谈完话之后，朱可夫就到了最高统帅那里。在斯大林的办公室里，除国防委员会委员以外，还有海军人民委员库兹涅佐夫、安东诺夫、红军后勤部长赫鲁廖夫，以及总参谋部经管

组织问题的几位将军。

安东诺夫报告了总参谋部关于向远东调运部队和物资器材，并按在远东即将成立的各个方面军加以集中的计算。按总参谋部的初步计算，完全作好对日本作战的准备，约需三个月的时间。

后来斯大林问道："为了庆祝战胜法西斯德国，我们是否应在莫斯科举行一次胜利阅兵式，并邀请立功最多的英雄，士兵、军士、准尉、军官和将军们前来参加呢？"大家都对这一想法表示热烈支持，并当场提出了许多实际的建议。

在5月底和6月初，为阅兵进行了紧张的准备。6月中旬，全体受阅人员都穿上了新制的礼服，并投入到了节日前的操练。

6月12日，加里宁授予朱可夫第三苏联英雄金星奖章。

在6月中旬，斯大林把朱可夫叫到他的别墅去。他问朱可夫骑马的技术是否已经生疏。朱可夫回答说："没有，没有生疏。"

斯大林说："是这么一回事，你将担任胜利阅兵式的阅兵首长，阅兵总指挥由罗科索夫斯基担任。"

朱可夫回答说："谢谢给我这样的荣誉。但由您来阅兵不是更好吗？您是最高统帅，就权利和义务来说，都应由您来担任阅兵首长。"

斯大林说："我当阅兵首长已经太老了。还是你来当吧，你年轻一些。"

6月22日，各报刊载了最高统帅的下述命令：

　　为了庆祝在伟大卫国战争中取得的对德国的胜利，
定于1945年6月24日在莫斯科红场举行作战部队、海军部
队和莫斯科卫戍部队的阅兵式——胜利阅兵式……

　　阅兵首长由副最高统帅、苏联元帅Г.К.朱可夫担
任，阅兵总指挥是苏联元帅К.К.罗科索夫斯基。

　　　　　　　　　　　　　　　　最高统帅

　　　　　　　　　　苏联元帅И.В.斯大林

　　　　　　　　　莫斯科，1945年6月22日

1945年6月24日，朱可夫比平时起得早些。他向窗外一望，

▲朱可夫和罗科索夫斯基骑马检阅部队

以弄清气象预报员的预报是否正确。只见莫斯科是一片阴沉沉的天空，还下着毛毛细雨。朱可夫打电话问空军司令员，他说大多数机场的天气都不宜于飞行。朱可夫担心由于天气原因，胜利阅兵式将不会像大家想象的那么隆重。

然而，情况并非如此!莫斯科人正怀着高昂的情绪，在乐队的伴奏下，向着红场前进，以便参加这具有历史意义的日子的游行。他们露出愉快的面容，举着大量的标语和标语牌，唱着歌曲，这一切形成了万众欢腾的景象。

那些不参加红场游行的人，把所有的人行道都挤得满满的。欢乐的浪潮和祝贺战胜法西斯的"乌拉"欢呼声，把他们和游行队伍及受阅部队联结在一起。这种团结一致，使人感到苏维埃国家有一种不可战胜的力量。

10时差3分时，朱可夫已在斯帕斯基门附近骑上了马。

朱可夫听见了清晰的口令声："受阅部队，立正!"随着响起了一阵掌声。这时，时钟正敲响了10点。

此时，朱可夫的心情是紧张而激动的。他骑着马向红场走去。传来了格林卡"光荣颂"的庄严而雄壮的乐曲声，它使每个俄罗斯人的内心感到无比亲切。忽然，又是一片寂静。这时，响起了阅兵总指挥、苏联元帅罗科索夫斯基作报告的清晰的声音。显然，罗科索夫斯基的激动程度也不亚于朱可夫。他的报告吸引了朱可夫的全部注意力，使他顿时平静了下来。

在检阅部队和向部队问好时，朱可夫看见雨水在军人的帽檐上流淌，然而大家的情绪是如此高涨，以致谁也不曾注意到这一点。

当英雄团队从列宁陵墓前通过时，使得大家特别的兴奋。走在各团队前头的，是同德军作战中闻名的将军、兵种元帅和苏联元帅们。

随后，200名老战士在鼓声的敲击下，把200面法西斯德军的军旗投到了列宁陵墓的台阶下。这时，无比欢乐的情绪达到了顶点。

当胜利阅兵式的参加者各自返回工作岗位以后，庄严的阅兵式和克里姆林宫招待会的印象，仍留存在他们的心中，久久不能忘怀。

从管委会返回苏联

1945年5月下旬的一天深夜，斯大林的秘书波斯克列贝舍夫给朱可夫打电话，要他到克里姆林宫去。在最高统帅的办公室，还有莫洛托夫和伏罗希洛夫。

在彼此问候之后，斯大林说："当我们把所有德军士兵和军官都解除武装并送往战俘营的时候，英国人却让德军保持着充分的战斗准备，并正同他们建立合作。以原司令官为首的德军各级司令部迄今仍享有充分的自由，它们根据蒙哥马利的指示，正在收集和整理德军部队的武器和技术兵器。"

斯大林继续说，"英国人企图保留德军部队，以便今后利用他们。这直接违反了各国政府首脑有关立即遣散德军部队的协定。"

斯大林转向莫洛托夫说："应尽快派出我们的代表团去参加监察委员会，以便通过这个委员会坚决要求同盟国逮捕邓尼兹政府的一切成员，以及德军的将军和军官。"

斯大林对朱可夫说："这样一来，就必须设立一个有四国代表参加的对德管制委员会。我们决定委任你担任实行对德管制的苏方最高长官的职务。除了苏军总司令部以外，还需要设立苏联军事行政机构。你也需要一个军事行政方面的副手。你愿意由谁来担任你的副手呢？"朱可夫提出了索科洛夫斯基将军，斯大林表示同意。

斯大林特别向朱可夫强调说："法西斯匪徒把我国破坏并抢劫一空。因此，你和你的助手们应努力争取，尽快实现与盟国达成的拆除一部分德国军事工业企业作为赔偿的条约。"

朱可夫受领了指示后，立即前往柏林。在到达柏林的第二天，艾森豪威尔就带着大批的随从人员来拜访朱可夫。

他们紧紧地握了握手，朱可夫向和苏军一起同法西斯作斗争的同盟国军队表示感谢。在表面上，艾森豪威尔给了朱可夫良好的印象。

6月5日，艾森豪威尔、蒙哥马利和塔西厄，到柏林签署苏、美、英、法四国政府关于击败德国和接管德国最高权力的宣言。会前，艾森豪威尔来到朱可夫的司令部，把美国的最高军事勋章——总司令级的"荣誉勋章"授给了朱可夫。接受勋章后，朱可夫立即向斯大林报告了此事。

斯大林说："我们也应该授予艾森豪威尔和蒙哥马利胜利勋

章，授予塔西厄一级苏沃洛夫勋章。"

"我可以向他们宣布吗？"朱可夫问。

"当然可以！"斯大林说。

在签署宣言时，朱可夫第一次认识了蒙哥马利元帅。宣言签署后，蒙哥马利对朱可夫说："元帅先生，我们决定在近日内进驻自己在柏林的区域，大概我们的朋友美国人和法国人也希望同时进驻他们的区域。因此，我现在想和你商议确定我方人员进入柏林的通道。"

朱可夫说："在解决英、美军队进入柏林的通道问题之前，同盟国的一切部队必须首先遵照克里木会议的决定，配置在规定的德国的一定区域内。只要美军不撤出图林根和英军不撤出维滕贝格，我就不能同意同盟国的占领军进入柏林，也不同意在柏林驻扎管制委员会的行政机构人员。"

当蒙哥马利开始反对时，艾森豪威尔马上插嘴说："蒙弟，别争了，朱可夫元帅是对的。你应该尽快离开维滕贝格，我们

◀蒙哥马利、朱可夫、艾森豪威尔在柏林

则离开图林根。"

送走了客人之后，朱可夫立即打电话给斯大林，谈了蒙哥马利的要求和艾森豪威尔的态度。

斯大林听后，笑着说："应当设法邀请艾森豪威尔到莫斯科来，我想同他认识。"

6月10日，按照原来的约定，朱可夫及其随从乘飞机来到艾森豪威尔在美因河畔法兰克福的司令部。在这里，朱可夫受到了美军仪仗队的迎接，仪仗队的军人给朱可夫留下了很好的印象。

不久，美军和英军就撤出了他们违反协定所占领的地域。而美、英、法三国的占领军以及参加管制委员会各行政机构的人员，随后也到达了柏林。

6月下旬，蒙哥马利元帅来访问朱可夫。在相互问候之后，蒙哥马利通知他说，英国政府决定授予朱可夫元帅和罗科索夫斯基元帅，以及索科洛夫斯基将军和马利宁将军人不列颠的勋章。

蒙哥马利请朱可夫确定授勋的日期以及授勋仪式的地点。朱可夫请他来决定。蒙哥马利意味深长地说："苏军在勃兰登堡大门进行了最后的突击，并在那里的国会大厦顶上升起了红旗。我认为正应该在这个地方授予你们大不列颠的勋章，以表彰你们指挥的苏军部队的功绩。"

授勋仪式是在国会大厦附近举行的。授予朱可夫元帅一级"巴尼"勋章，授予罗科索夫斯基元帅二级"巴尼"勋章，授予

索科洛夫斯基将军和马利宁将军"功勋"勋章。

在管制委员会协作初期，管制委员会及其所属机构在工作中没有发生特别的摩擦，管制委员会的会议视需要召开，但每周不超过一次。不开会的时候，问题一般交由协调委员会和各管理机构进行初步讨论。

在管制委员会工作过程中，会议参加者的膳食，由各方按顺序轮流供应。美国人供应一个月，然后是英国人、法国人，最后轮到苏军。但轮到苏军供应时，参加会议的人数往往要增加一倍。这是因为俄罗斯人好客，有好吃的俄国菜，还有非常著名的俄国鱼仔和伏特加酒。

管制委员会建立初期，工作比较顺利。各同盟国人民对于苏联武装力量击败德国和消灭对世界各国人民所构成的威胁的希特勒法西斯，满怀着感激之情。

1946年3月底，朱可夫在柏林接到斯大林的电话。他对朱可夫说："美国政府从德国召回了艾森豪威尔，留下克莱将军接替他的职务。英国政府召回了蒙哥马利。你是否也应该回莫斯科？"

朱可夫说："我同意回去。我建议由索科洛夫斯基大将担任苏联占领军总司令和军事行政机构最高长官。他最了解管制委员会的工作，并熟悉部队情况。"

"好吧，我们考虑考虑，你等待指示吧。"斯大林说。

两三天后的一个深夜，斯大林打来电话通知朱可夫说："政治局同意由索科洛夫斯基接替你，管制委员会最近一次会议结束后你则立即回莫斯科。索科洛夫斯基的任命过几天到达。"

斯大林接着说："还有一个问题，我们决定撤销第一国防人民委员这一职务，而设常务副国防人民委员。这个职务由布尔加宁担任。华西列夫斯基担任总参谋长，库兹涅佐夫担任海军总司令。你想担任什么职务呢？"

"我可以在党中央委员会认为我最适宜的任何岗位上工作。"朱可夫说。

"按照我的意见，你应当负责陆军的工作。我们认为，陆军应有一个总司令，你不反对吧？"

"同意。"朱可夫回答。

1946年4月，朱可夫回到了苏联。

战场胜利的象征

1946年2月，朱可夫当选为最高苏维埃代表。4月10日，他出任陆军总司令。

同年7月，斯大林将朱可夫调任敖德萨军区司令。两年后，他被贬低到更低的乌拉尔军区担任司令。朱可夫难以接受这一现实，他曾要求离开自己终身为之服务的军队。

朝鲜战争爆发后，朱可夫才回到了莫斯科，他被通知出席最高苏维埃的一次会议。

1953年3月5日，斯大林去世。就在莫斯科电台宣布斯大林逝世的同一天，朱可夫被任命为国防部副部长，同时负责苏联陆军部队。

朱可夫回到莫斯科，不仅使苏联军界获得了巨大力量，而且对稳定军心和民心也起到了很好的作用。

1955年2月，朱可夫接替布尔加宁元帅，出任国防部长。在他任职期间，苏联军事工作得到了较好的发展，苏联的军事著作大量出版，许多军事理论家逐渐占据了苏联国防部的重要岗位。1957年6月，朱可夫被提升为苏共中央主席团成员。

然而，在朱可夫的帮助下，随着权力地位的稳固，赫鲁晓夫对朱可夫开始不放心了。特别是朱可夫不断地在报纸杂志上发表文章，表白他在卫国战争历次战役胜利中的重要作用，令赫鲁晓夫感到不满和猜忌。

1957年10月，朱可夫正在按计划在国外进行访问。赫鲁晓夫的秘书突然打电话说："赫鲁晓夫同志要您直接飞回莫斯科，因为11月7日要举行庆祝十月革命40周年大型军事检阅，有许多事情等着您去处理。"

朱可夫没想到这是赫鲁晓夫挖掘的一个陷阱：赫鲁

▲1950年代的朱可夫元帅

晓夫自认为没有足够的理由和实力把这位老元帅拉下马，便决定用明升暗降的策略，来夺取朱可夫的军权。

朱可夫在机场就被直接接到了主席团会议室。赫鲁晓夫宣告了这一任命，朱可夫一下子惊呆了，继而是愤怒，他没有料到赫

鲁晓夫会这样对待他。

朱可夫拒绝了赫鲁晓夫向他提出的"提升"的建议，于是双方摊牌了。辩论时间拖得很长，以致已经应邀参加伊朗大使馆的招待会的赫鲁晓夫等人不得不两次推迟他们到达的时间。

其实，赫鲁晓夫是早有预谋的。就在朱可夫回来的前一天，赫鲁晓夫同莫斯科军区的高级指挥员们举行了一次会议，讨论了朱可夫的命运。

赫鲁晓夫是相当惧怕这位国防部长的力量和威望的，原计划他打算提升他担任诸如部长会议副主席等其他职务，这样既可剥夺他对军队的控制权，又可避免公开摊牌。

在朱可夫返回莫斯科6小时以后，就由塔斯社发表了这次会议的一项公报，公报说：

> 苏联最高苏维埃主席团任命苏联元帅罗季翁·雅科夫列维奇·马林诺夫斯基为苏联国防部长。苏联最高苏维埃主席团免去苏联元帅格奥尔基·康斯坦丁诺维奇·朱可夫的苏联国防部长的职务。

不到一小时，莫斯科电台在晚间新闻节目中广播了这一消息。第二天，《真理报》在一个不显眼的角落里刊登了这则消息。很快，这一新闻传遍了世界各地。于是，朱可夫又突然间从社会和政治生活中消失了。

苏联的有些领导人说，朱可夫被撤职是"内部的事"，并且表明解释会在以后作出，但不是现在，从而把有关朱可夫的问题都给掩饰了过去。

现在可以清楚地看到，对于朱可夫的主要指责是，他试图削弱党的工作人员在武装部队中的影响和他无所顾忌地坚持为斯大林时期被清洗的那些红军领导人恢复名誉。

朱可夫还被指责在红军内部搞"个人崇拜"。认为朱可夫在战争中的作用"被颂扬得太过分了"。为了取悦朱可夫，第二次世界大战的历史被歪曲了，许多的苏联人民，包括指挥员和政治工作人员的贡献和苏联共产党的领导作用被贬低了以衬托他的高大。

中央全会说，虽然朱可夫的功绩得到党和政府高度评价，给了他许多荣誉，包括让他在党内担任一些高级职务，但是朱可夫却丧失了谦虚精神。他以为他在"我国人民及其武装部队在共产党领导下所取得的一切胜利中是惟一的英雄"。

同时，朱可夫也辜负了共产党对他的信任。无论是在对苏联外交政策的主要目标的理解上，还是在他对国防部的领导工作中，都有冒险主义的倾向。

最后宣布的对朱可夫的处分，沉痛地打击了他的自尊心和爱国主义精神。朱可夫的党中央委员会主席团委员和中央委员职务

被撤消了，他失去了国防部长职务和党内的一切职务，仅仅保留了他的党籍。1958年3月，朱可夫正式退休了。

退休后，朱可夫住在莫斯科郊外他的别墅中，以打猎、钓鱼、写回忆录度日。

朱可夫总是在盼望着有朝一日，能够恢复他在苏联历史中应有的位置，为他敞开恢复名誉的大门。与此同时，朱可夫也意识到了，如果赫鲁晓夫下台了，他恢复名誉的可能性就会更大一些。

1964年，赫鲁晓夫下台，新上任的勃列日涅夫在克里姆林宫发表重要演说。当他提到战争中著名的指挥官时，首先提到的是朱可夫的名字，听众席上立即爆发了长时间的雷鸣般的掌声。

第二天，人们又在大规模的军事检阅中，看到了朱可夫的身影。德高望重的朱可夫元帅又重新回到了历史舞台。

检阅那天，当朱可夫穿着元帅服走在街上时，许多行人都激动得流下了热泪。在晚间的招待会上，苏联军官争先恐后地与他握手致意。

在得知朱可夫公开露面以后，前总统艾森豪威尔高兴地说："我想是该给他恢复名誉的时候了。他是个很好的军人，在柏林的时候，他竭尽全力使工作能够顺利进行。"

同一天，还在大克里姆林宫举行了授勋仪式。最高苏维埃主席团主席米高扬向战时的一些领导人颁发了纪念勋章。纪念勋章颁给了朱可夫、马利诺夫斯基、巴格拉米扬、布琼尼、伏罗希洛夫、戈利科夫、罗科索夫斯基、索科洛夫斯基、铁木辛哥等人。勃列日涅夫又向获得苏联英雄称号的人颁发了刻有题字的金表，朱可夫也在受奖之中。

1966年12月，在莫斯科保卫战胜利二十五周年庆祝活动中，为朱可夫进一步恢复名誉提供了机会。在索科洛夫斯基关于这次伟大会战的文章中，叙述了朱可夫元帅在这次战役中的决定性的重要作用。

莫斯科市委第一书记叶戈里切夫，赞扬了帮助拯救莫斯科的军事领导人，他列举的名单中朱可夫居然位居首位。包括许多受过勋的退伍军人在内的听众，听到朱可夫的名字时，都热烈鼓掌。

同月，鉴于朱可夫"对于武装部队的贡献，并为庆祝他的七十寿辰"，最高苏维埃主席团授予他国家最高奖赏——列宁勋章。

1968年，俄国出版的《苏联武装力量五十年》。它是以 M·B·扎哈罗夫元帅为首的一个委员会编纂的。撰稿人中有许多战时指挥员，其中也包括朱可夫。该书多处提到朱可夫，朱可夫终于作为对德战争胜利的主要策划者之一载入史册。

1970年，已经卧病在床的赫鲁晓夫也赞扬了朱可夫："朱可夫作为一名司令员，我仍旧是非常尊敬他的，尽管我们后来分道

扬镳了。可是，即使在那时，我对他作为一个军人仍有很高的评价……"

可见，不管朱可夫元帅在政界如何沉浮，人们都忘不了他在战场上一次又一次的力挽狂澜的伟人风采。朱可夫在他晚年复出时，在苏联历史中取得了他应有的地位。

首先，朱可夫是一个伟大的爱国者，其次，他才是一名伟大的军人。他之所以能够被恢复名誉，可以认为是勃列日涅夫及其同僚们试图把荣誉给予应该得到这种荣誉的人，并且让苏联的历史成为一部更加符合事实的记载历史。

▲朱可夫元帅晚年

朱可夫得到了各个阶层的许多俄国人的爱戴和敬仰，特别是曾经参加过第二次世界大战的老战士的爱戴。在苏联人民和世界人民的心目中，朱可夫永远是战场上胜利的永恒象征。

1965年，格奥尔基在布尔内科陆军医院任内科主任，朱可夫元帅的第二位夫人加莉娜也在那里工作。

格奥尔基是位退伍的军医、少将。在朱可夫元帅生命的最后9年，他一直担任朱可夫的主治医生，伴随着朱可夫走完了其生命的最后时光。

一天，加莉娜急匆匆地来找格奥尔基，求他替她丈夫朱可夫治病。朱可夫的心脏似乎有点问题，而格奥尔基是冠状动脉硬化治疗方面的权威。

格奥尔基一开始有些犹豫，要不要拒绝加莉娜的请求。当时一般是由克里姆林宫的医生给朱可夫看病，他担心自己贸然介入会惹祸上身。

但是，格奥尔基实在不忍心拒绝加莉娜，于是向上级汇报后，便同加莉娜一道赶往朱可夫位于索斯诺夫卡的别墅。格奥尔基没想到，在那以后的九年里，他会成为朱可夫家的"常客"。

据格奥尔基回忆，朱可夫虽然疾病缠身，但仍然身形挺拔。他不苟言笑，甚至有些自我封闭。对医生有关病情的询问，朱可夫回答得极为简单，一派标准的军人作风。

格奥尔基为朱可夫做了大范围心电图测试后，发现他患有心

肌梗死。

朱可夫的病，其实是不断的生活挫折造成的。"二战"结束后不久，功勋卓著的朱可夫就面临来自各方面的打击：一大批诽谤他的材料被炮制出来，连他的住处也被人装上了窃听设备。以克格勃局长阿巴库莫夫为首的一帮人，诬蔑朱可夫图谋发动军事政变，朱可夫因此被解除了陆军总司令一职。

更令朱可夫痛苦的是，几乎所有的朋友都疏远他，乃至背叛了他。比如科涅夫元帅，当年德军挺进莫斯科时，正是朱可夫将他从军事法庭的被告席上救下来，保全了他的性命。而如今他却在《真理报》上发表文章，指责朱可夫具有拿破仑式的野心。冒着风险与朱可夫保持友谊的，只有巴格拉米扬和华西列夫斯基两位元帅。

此后不久，病魔便将朱可夫彻底击垮了，原来他花了极大心思写出的《回忆与思考》被禁止出版。朱可夫到处求人，但苏共中央政治局对此就是不肯点头，连老朋友柯西金也不帮忙。朱可夫一气之下就中风了。

当时的苏共总书记勃列日涅夫，对这部战争纪录中没有提到他的名字深为不满。最后，朱可夫不得不妥协，在书中加上一段有关勃列日涅夫的文字。

最终，在1969年，朱可夫的著名回忆录《回忆与思考》在苏联出版了，第一版就发行了60万册。与此同时，由他撰写的《朱可夫元帅的几次最伟大的战役》一书，被译成英文在美国出版。在这些著述中，他以目击者和参加者的权威身份，对那些肆意歪曲历史事实的文章和作者毫不留情地进行了反击，他的文章得到人们的承认，他和同事们所写的回忆录，对他恢复名誉无疑起到了促进作用。

为表彰朱可夫对军队的贡献和庆贺他70岁生日，1966年12月，最高苏维埃主席团授予朱可夫国家的最高级勋章，即"列宁勋章"。朱可夫受到了应有的尊敬和爱戴。

为此，朱可夫写信给《红星报》编辑说：

由于对授予我列宁勋章和对我的70岁生日的许多祝贺不能一一作答，请允许我通过《红星报》来向所有组织、苏联陆海军军官们、预备队的将军们，以及一切公民们，对他们的热烈祝贺表示我深切的、衷心的感谢，同时为了祖国的利益祝愿他们身体健康，工作顺利。

朱可夫在他的晚年又出现在人们的面前，并且重新得到了本来就应该属于他的荣誉：他是战场上胜利的永恒象征。

1973年底，朱可夫最深爱的妻子加莉娜因乳腺癌病逝。而此时朱可夫已经老得连去墓地的力气都没有了。

爱妻死后不到8个月，朱可夫的病情再度恶化。先是心肌梗

死复发，随后是心脏停跳，出现医学上的临床死亡。

他的心肌被注入特殊药剂后，心脏恢复跳动，但脑供血却没有恢复。

站在朱可夫元帅的病榻前，格奥尔基看到他的目光微闪，似乎认出了他，但却无力再说什么。戴着人工呼吸器，朱可夫毫无知觉地走完了生命的最后25天。

1974年7月18日，78岁的朱可夫元帅与世长辞。元帅的遗体被安葬在莫斯科克里姆林宫墙下。为纪念朱可夫元帅，苏军防空军事学院以他的名字命名。

朱可夫在苏联卫国战争中的杰出贡献，使他作为与苏沃洛夫、库图佐夫相提并论的俄罗斯民族英雄，载入了史册。

今天，朱可夫已成为战场上胜利的象征。朱可夫元帅以他对祖国、对苏联人民和全人类的杰出贡献，赢得了世界人民对他的尊敬与爱戴。

第六章 人际关系

我可以做任何工作，指挥一个师，一个军，一个集团军，一个方面军——只要祖国需要。

——朱可夫

与斯大林的复杂关系

朱可夫一直都与最高统帅斯大林保持接触，他们的会面有数百次之多，有时甚至可心达到一天两次。这样的话，朱可夫就能够更好地揣摩最高统帅的意图，熟知他的风格，把握他的心思。

在见面时，他们有时会发生争论，有时甚至面红耳赤、声嘶力竭，但是这些争论都是与战争相关的，他们的争论关系到了成千上万乃至是数万人的生死命运。

朱可夫与斯大林经常会在斯大林的官邸共同进餐，有时，他们还会在花园里散步。当朱可夫被派往前线、远离莫斯科时，他们两人也始终通过电报或电话保持着联系。

朱可夫对于斯大林性格的这一面非常了解，对于他们在战时的分歧和争吵也毫不掩饰。二人的脾气都是比较急躁的，遇到意见有分歧时也是无法克制自己的。但是，斯大林是需要朱可夫的，并且随着战争的进展，斯大林也愈发器重朱可夫，直到任命他为最高副统帅。

面对很容易就暴跳如雷的斯大林，很少有人敢于理直气壮地针锋相对，但是朱可夫却成为这极少数人之一。

对于斯大林的军事才能，朱可夫认为斯大林精通组织方面军或数个方面军作战的基本规则，并能远见卓识地加以运用。从战争爆发到斯大林格勒战役胜利的一年半时间内，斯大林在实践中完成了战略、战役和战术方面的学习。

1941年，铁木辛哥元帅打电话给时任总参谋长的朱可夫，说斯大林过几天想见一见他。铁木辛哥是当时红军中的显赫人物，他已经被任命为了国防人民委员。

"他会问些什么问题？"朱可夫说。

"任何问题，但是你必须在10分钟内向他讲清楚。"铁木辛哥说。

朱可夫非常吃惊地说道："10分钟内我能向他讲明白什么？这都是一些很重要的问题，需要慎重考虑。要理解问题的重要性，采取必要的措施。"

"你打算告诉他的，他基本上都知道，你要尽可能地抓住要点。"铁木辛哥说。

朱可夫前往莫斯科郊外的斯大林官邸拜见了这位最高统帅。朱可夫到达后，发现铁木辛哥和其他几个将领已经先到了。在打过招呼后，斯大林询问朱可夫是否知道"喀秋莎"火箭，朱可夫

回答没见过，斯大林就让铁木辛哥过几天带他去试验场参观一下火箭的发射。

　　然后，斯大林又问朱可夫总参谋部那边的情况怎样。朱可夫回答说："鉴于政治和军事形势非常严峻，必须采取紧急措施来弥补西部边境防御体系和武装部队内部的不足。"

　　听完朱可夫的汇报后，斯大林请大家共进晚餐。斯大林问朱可夫对于德国空军的看法。朱可夫首先肯定了德国空军占有一定的优势，但接着指出苏联空军面临的最大问题就是新型歼击机和轰炸机太少了。

　　后来，朱可夫回忆说，这顿晚餐和往常一样简单。等到朱可夫回到了参谋部，他记下了斯大林讲的每一件事情，并且把需要

▲莫斯科胜利阅兵式。斯大林（左）与朱可夫（右）在列宁墓的检阅台上

首先解决的问题做了备注。

1941年7月底，斯大林再次召见了朱可夫和铁木辛哥。一进房间，朱可夫和铁木辛哥就看到所有的政治局委员都已经在桌子周围就坐。

斯大林穿着一件旧夹克，他站在房间的中央，手里的烟斗没有点燃，他的表情是极其不高兴的。后来，朱可夫才知道，原来是有人指责铁木辛哥在战场上的表现不好。

斯大林开口说道："刚才，政治局已经讨论了铁木辛哥担任西线指挥官时的一切表现。由于铁木辛哥的表现不是很好，决定解除他的职务，建议由朱可夫接任。"斯大林转身面向铁木辛哥和朱可夫，问他们有何想法。此时的铁木辛哥一言不发。

朱可夫说："斯大林同志，频繁地更换战场指挥官，会对作战行动产生极其不好的影响的。新接任的指挥员还来不及熟悉战场形势，就要开始指挥极度残酷的战斗了，这无疑将会对指挥官产生影响的。"

"铁木辛哥元帅担任战场指挥官还不到4个星期。在斯摩棱斯克战役中他才逐渐了解了部队的情况，了解了他们的专长和能力。他能把敌人钳制在这个地区长达一个月之久，已经做了所有能做的事情。我认为没有人能做得比他更好。部队士兵是信任铁木辛哥的，如果在这个时候解除他的职务是不公平的，也是不合适的。"

这时，总书记米哈伊尔·加里宁也说道："我认为朱可夫说的对。"

最后，在朱可夫的极力劝说与详细解释下使得铁木辛哥没有被解除职务。随后，朱可夫和铁木辛哥离开了会场，而铁木辛哥很快就奉命返回了前线。

朱可夫认为：对铁木辛哥的指责极大地伤害了他的感情，但是在那个时候，在战争中，是会发生各种各样的事情的。同时，也是不可能那么周到地考虑到个人感情的，因为总是会有许多重大的、错综复杂的问题需要处理。

对于朱可夫和斯大林关系的看法，朱可夫的女儿埃拉说："他们两个人既不亲密，也不一致。他们多次为了要在军事行动上作出某个决定而争论不休。在战争的初期，斯大林曾经干预过前线指挥官的作战行动，但明察秋毫的斯大林当然也了解朱可夫的功过，他是很尊重那些反对他却有着远见卓识的人的。"

与艾森豪威尔的友谊

艾森豪威尔是"二战"时期西方反法西斯的英雄,他是盟军的最高司令,曾指挥多国军队横扫非洲。他解放了西西里,实施了诺曼底登陆,攻陷德国,彻底消灭了法西斯。

艾森豪威尔从战争初期的一名军队后勤人员成长为盟军的最高指挥官,从一名中校晋升为五星上将,这也仅用了不到5年的时间,他成为了美国五星上将军衔晋升速度最快的人。

1945年6月,受到全世界敬仰的艾森豪威尔和战功显赫的苏联常胜元帅朱可夫第一次见面了。两人一见面就像像一对老战友,相互之间是那么的熟悉对方、了解对方。

德怀特·艾森豪威尔对于格奥尔基·康斯坦丁诺维奇·朱可夫在战争中的赫赫战功,是早已经耳熟能详了。艾森豪威尔紧紧地抓住了朱可夫的胳膊,足足端详了四五分钟,最后才说:"你原来是这样一副模样!"

朱可夫
Georgy Konstantinovich Zhukov

　　虽然他们是来自于不同的国家，但是，他们就像老战友一样相处地十分融洽。当他们各自代表自己的国家授予对方高级勋章时，那情景实在是令人欢欣鼓舞。

　　1945年8月，艾森豪威尔作为朱可夫的客人访问了苏联，两人之间的友谊得到了进一步的加深。艾森豪威尔受到了最高规格的接待，刚一抵达，朱可夫就告诉艾森豪威尔可以去任何想去的地方参观访问。

　　然而，艾森豪威尔更希望在莫斯科转一转，欣赏一下苏联辉煌的历史文化古迹，包括珍藏有沙皇私人珍宝的克里姆林宫博物馆、圣彼得堡。

　　其间，斯大林还邀请艾森豪威尔登上了列宁墓顶的检阅台，请他观看在红场举行的盛大的运动会开幕式，艾森豪威尔成为第一个享受该项殊荣的外国官员。

　　要不是艾森豪威尔拥有出色的外交才能，他和朱可夫的第一次会面很可能就会变得不欢而散。朱可夫说，在柏林的那次会面，一开始，双方首先谈到了刚刚结束的战争中的一些大事。

　　艾森豪威尔给朱可夫讲述了在1944年法国诺曼底登陆的协商过程中所遇到的重大问题，以及后来迎击希特勒军队在阿登地区突然发起的大规模反攻时所面临的重重困难。然后，他们才回到严肃的正题：如何组建一个四国委员会，对战后的德国实施共同管理。

艾森豪威尔首先提到了盟军进出柏林的事情："我们必须在一系列问题上达成一致，成立管制委员会和划出英美法军队经过苏占区进驻柏林的陆上通道。"

朱可夫指出需要建立空中走廊。朱可夫认为，我们不仅要在陆上通道方面达成一致，还要谈谈美英空军经苏占区飞抵柏林的问题。

听到这话，一位艾森豪威尔的陪同人员，美国战略空军司令卡尔·斯帕茨将军斜靠在椅子上，傲慢地说："美国空军，无论过去还是现在，在任何地方飞行都不受限制。"朱可夫听后当即

▲朱可夫、艾森豪威尔、蒙哥马利和盟军将领在一起

予以严正回击："你们的空军不可能不受限制地飞越苏占区。你们只能在规定的空中走廊内飞行。"这时，艾森豪威尔对斯帕茨说："我不允许你以这种态度提出空军飞行的问题。"

艾森豪威尔又对朱可夫说："元帅先生，今天我已经私下和你进行了会面。至于我们的正事，等到我们组建起管制委员会后再解决吧。"

朱可夫回答说："我们都是久经沙场的老兵了，我相信我们有能力达成共识并通力协作。现在我只提出一点：请美国军队尽快撤出图林根。因为，根据盟国首脑签署的《雅尔塔协定》，图林根地区应由苏联军队进行驻扎。"

艾森豪威尔回答说："我同意你的意见，并将坚持这一点。"听完艾森豪威尔说的这句话后，朱可夫也不想再追问艾森豪威尔将坚持谁的意见了，因为这件事情已涉及到了政府高层的决策问题。

之后，朱可夫简单地概括了他与艾森豪威尔的第一次会面："艾森豪威尔良好的军容给我留下了美好的印象。"

总体而言，朱可夫在炮火纷飞的战场上所表现出来的干练果断的领导才能，他对军队士气的令人热血沸腾的鼓舞，他的远见卓识和自我控制能力，都让艾森豪威尔和西方其他的高级将领赞不绝口。

然而，他们有时也会认为朱可夫有些近乎冷酷无情，只要抓住了比较适宜的战场时机，朱可夫就会不计任何代价地去赢得胜利。但是，客观地讲，穷凶极恶的希特勒军队在苏联国土上制造的一幕幕惨剧，促使苏联军民万众一心、同仇敌忾，坚决要把敌人尽快歼灭或赶出国门。但是，尽管朱可夫指挥军队取得了一些重大的胜利，但与此同时也付出了惨重的伤亡代价。

艾森豪威尔说，他对苏联战场了解得越多，就越能理解苏联人对于希特勒军队的深仇大恨。他认为，与一些远离这场惨烈战争的国家的人民相比，倘若苏联人不是更直接、更发自内心、更顽强不屈地正视战争事实，那才会令人感到奇怪呢。

1945年，朱可夫邀请艾森豪威尔在8月12日开幕的体育节期间访问莫斯科。艾森豪威尔欣然接受了邀请。

一天晚上，当这两位战争英雄在莫斯科观看一场足球比赛时，热情的苏联球迷们认出了艾森豪威尔，他们全体起立，向他报以热烈的掌声，欢迎这位伟大的美国将军。

后来，在飞回柏林的途中，朱可夫和艾森豪威尔在后者的座机上进行了更长时间的交谈。朱可夫上了飞机后完全放松了下来，他在坐下之前首先脱下军装，露出了贴身穿的蓝色丝质衬衣。

艾森豪威尔请朱可夫元帅躺下睡一觉，被朱可夫婉言谢绝了。当时，朱可夫以为飞机上只有一个铺位，同时，他也不愿让自己露出太多的疲惫。

而实际上，有关部门早已经在飞机上给艾森豪威尔另外搭了一个铺位，两个铺位都足够伸开腿躺下。就在飞机到达柏林前，朱可夫请艾森豪威尔送给他女儿一些杂志。于是，艾森豪威尔把那些没有刊登反苏文章的杂志送给了朱可夫。 1955年，在美、英、法、苏四国首脑参加的日内瓦高峰会议上，艾森豪威尔和朱可夫进行了最后一次会面。那时，艾森豪威尔已经是美国总统了，朱可夫是苏联国防部长。

许多美国观察家认为，朱可夫之所以能够作为苏联代表团成员之一前往日内瓦，主要是因为他和艾森豪威尔总统之间的友情。

在日内瓦期间，艾森豪威尔和朱可夫私下见了几次面，回顾了战争年代的往事以及在盟国管制委员会期间对于德国的管理情况，也谈了一些时事问题。艾森豪威尔注意到，现在的朱可夫显得低调了许多。他的语速缓慢，声音柔和，由此，看起来朱可夫受到了很大的压制。

日内瓦会议两年后，朱可夫在访问新德里时，印度记者问到了他对艾森豪威尔的看法。朱可夫坦率地说："我不知道他还是不是当年的那个艾森豪威尔，但是作为一名军人，艾森豪威尔始终是我的老朋友。"

朱可夫的女儿伊拉曾经说过："父亲常常谈起他和艾森豪威尔将军的友谊，父亲很喜欢他，称他为'我的好友'。"

在战后的十年里，国际间的政治格局发生了重大的变化，比如冷战的不断加剧，两个超级大国都在极力地追求拥有更多的核武器等。在此期间，朱可夫和艾森豪威尔的关系也改变了很多。

与贝利亚的矛盾冲突

　　拉夫连季·巴夫洛维奇·贝利亚，格鲁吉亚人，秘密警察的首脑。从"二战"之后到斯大林逝世之前，贝利亚是苏联实际上的二号人物，但是之后他在争夺斯大林继承权的斗争中失败了，导致他最后被处决了。

　　在1938年，拉夫连季·巴夫洛维奇·贝利亚被斯大林任命为了莫斯科的秘密警察首领。贝利亚身材矮小，时常穿一身纯黑色的西服，头戴一顶松松垮垮的软帽。据说当贝利亚戴上一付夹鼻眼镜后，他看起来就像是一个书店的老板。但是，对于很多认识贝利亚的人而言，他就是一个刽子手和施虐狂。

　　朱可夫与贝利亚在战时还有过几次冲突。在莫斯科和列宁格勒战役取得胜利后，朱可夫的声名鹊起，他备受人们的爱戴。由此，贝利亚是十分嫉妒的。

　　于是，贝利亚按照自己的一贯做法，他亲自搜集了针对朱可夫的一些秘密材料，以便可以整倒朱可夫。1942年春天，贝利亚逮捕了朱可夫的作战处长格鲁什科维奇少将，试图从他那里可以获取对朱可夫不利的证据。但是，格鲁什科维奇少将却是宁死不屈，最终，贝利亚的如意盘算落了空。

曾经有人指控朱可夫，说他侵吞文物、毛皮、猎枪等，还有人说他妻子有一只"黑色的小提箱，里面装了满满的珠宝"。

后来，据朱可夫的女儿伊拉说："对父亲的指控是贝利亚在玷污朱可夫元帅的名声，是他们准备搞垮父亲而使出的阴谋。他们把某些所谓的抢夺战利品的事情拼凑在一起，对我们的寓所进行了秘密地监视。"

▲战功卓著的朱可夫

"事实上，我们买的一切东西都开具有发票，根本就不存在所谓"侵吞"的事情。至于妈妈的手提箱，也是子虚乌有的事情。那里面装的只是妈妈的护肤霜、化妆用粉、牙刷等。这些事情都是他们捏造出来的。"

在变幻莫测的政治风云中，为了求得自保，朱可夫逐渐也学会了如何与贝利亚进行周旋。实际上，在战争初期，朱可夫在担任总参谋长时，贝利亚就已经表现出了对朱可夫的强烈敌意。

1941年7月中旬，有消息说德军空降兵已经在莫斯科的第二十四集团军右翼着陆。而这个传言最终被证明了是个虚假的消息，于是，朱可夫立即给该集团军司令员打了电话，而得到的答复却是他对此一无所知。

虽然传言是空穴来风，但这名司令员还是受到了惩罚，第二天就被解职了。贝利亚非常生气，因为他的（虚假的）情报没有得到那名指挥官的证实。

贝利亚质问朱可夫第二十四集团军司令员是个什么样的人，朱可夫回答说不认识此人。贝利亚大为脑火："既然不认识他，那你为什么还任命他当司令员？"说完，不等朱可夫回答就怒气冲冲地离开了他的办公室。而那名司令员的指挥生涯也就此结束了。

斯大林死后，只要除掉贝利亚，所有的倒行逆施就会得以终结了。尼基塔·赫鲁晓夫深知，要阻止贝利亚爬上权力顶峰的行动一旦失败，整个苏联就会面临着一场浩劫。

为了防止贝利亚及其追随者掌权，在行动上必须要迅速，而且必须绝对秘密。与此同时，他们需要得到军队的支持，此事最终由朱可夫负责了。

朱可夫当时被斯大林贬到外地任职，多年来，朱可夫一直都

是贝利亚打击的对象。因为朱可夫是一位非常有影响力的将领，所以他在军队里的影响力确保了军队的支持，朱可夫很快就把1个坦克师和1个摩托化步兵师调进了莫斯科。当然，如果形势需要，他们将会解除掉仅仅装备有轻武器的贝利亚的内务部队的武装。然而，在采取措施之前，还需要召开一次有贝利亚参加的会议，从而来引诱他上钩，会议定在6月26日举行。

那天，朱可夫和其他军队官员一起通过博罗维茨基大门进入了克里姆林宫，他们在中央委员会会议室外面的接待室里进行等候。贝利亚在接到出席中央委员会会议的通知时，对于为什么仓促召开会议很是不解，但贝利亚始终没有料到这是一场针对他的密谋。会议开始后，马林科夫直接提议："我们讨论一下贝利亚的事情。"赫鲁晓夫立即随声附和，表示同意。这时，坐在赫鲁晓夫身旁的贝利亚，脸色一下子变得苍白，他惊慌失措地问道："这是怎么回事？你在说什么？"

赫鲁晓夫厉声说道："注意听着，你会明白的。"紧接着，赫鲁晓夫宣布会议将要讨论的紧急事项是："帝国主义的代言人"——贝利亚的反党分裂活动，同时，还举了贝利亚一系列的违法乱纪行为。随后，赫鲁晓夫提议撤销贝利亚的部长会议副主席、内务部长和中央委员会委员的职务，开除党籍，交由军事法庭审判。紧接着，多名官员对贝利亚的罪行给予了指控。

在参与逮捕贝利亚的行动中，有多名军官来到了国防部大楼。就在等待命令时，他们看到了朱可夫元帅走进了国防部长办公室，祖布看到朱可夫似乎有点焦急。但是，朱可夫的出现也让他坚定了信心，相信这项任务将会圆满完成，尽管他还不知道将要执行的是什么任务。随后不久，祖布接到了命令，让他列出一份50名可靠的军官名单，他们将取代克里姆林宫的警卫执行警戒任务。他后来才知道，在这些可靠的军官取代警卫人员后，囚犯贝利亚将被忠于朱可夫的军人押解出克里姆林宫。

随后，这些军人分别乘座布尔加宁和朱可夫的带有黑色窗户的汽车进入克里姆林宫。他们假借参加会议之名进入大楼，被领进了等候室。除朱可夫外，他们没有人知道任务是什么。

最后，布尔加宁和赫鲁晓夫从会议室走出来，告诉他们到这里来的目的是逮捕贝利亚。赫鲁晓夫作了简单布置：一听见马林科夫从会议室里发出信号，他们将两人一组分别从三个房门冲进去，防止贝利亚逃跑，并逮捕他。他们要等到一切都按计划完成后，再把贝利亚交给一名忠诚可靠的军官，并采取了其他一些预防措施。因为参与行动的每个人都明白，如果出行动中出一点点的差错，或者行动失败，他们都将被逮捕并将以"人民的敌人"的罪名遭到控告，这些都会使得他们的情绪变得异常紧张。

与此同时，朱可夫和其他将领等在等候室外。当我们听到了信号，朱可夫第一个走了进来，莫斯卡连科等人紧随其后。马林科夫对朱可夫说："作为部长会议主席，在对贝利亚的指控调查

清楚并下结论之前，我要求由你来监管他。"这时，逮捕贝利亚的军官都拔出了手枪，以防贝利亚逃脱。职业军人出身的朱可夫大声下达命令："举起手来！跟我们走！"，使得已经吓破了胆的贝利亚变得更加的惊恐。

被6个军官围在中间的贝利亚，请求允许自己在休息室喘口气。随后，他镇静地对军官们说："坐下来吧，同志们。"直到最后一刻，贝利亚还在梦想召集他的内务部队来解救自己。但是，为了防止这种情况的发生，朱可夫的坦克和步兵师早已经做好了一切准备。朱可夫厉声地说道："闭嘴！在这里，可不是你说了算！"然后朱可夫转身面对别的军官，斩钉截铁地告诉他们，如果贝利亚试图逃跑就开枪打死他。

1953年12月18日，苏联最高法院特别审判委员会开始对贝利亚进行审判，随后又追加了他的6名同伙，参加旁听的也只有参与逮捕贝利亚行动的军官。

最后，法庭宣布了判决结果：贝利亚及其同伙被判处以枪决，并处没收个人财产和剥夺一切职务和荣誉。同时还强调了该判决为终审判决，不得上诉。当天，贝利亚等人就被处决了。

据说，在除掉了贝利亚后，朱可夫元帅这样说道："我只不过做了一点微不足道的贡献，我认为这是义不容辞的责任！"

第七章 家庭生活

在学习上不肯钻研的人是不会提出问题的;在事业上缺乏突破力的人是不会有所创新的。

——朱可夫

与妻子和女儿们

1920年，朱可夫与妻子阿·基叶夫娜在莫斯科以南的沃罗涅日地区相识，那是妻子的故乡，当时朱可夫正在围剿以安东诺夫为首的白卫军。

一天，阿·基叶夫娜同一位红军战士发生了争执，朱可夫走过来为她辩护了几句。后来，他们一见钟情，从此再也没有分开过。妻子阿·基叶夫娜乘坐一辆破旧的马车随朱可夫转战各地。

朱可夫在28岁时与他的第一个妻子阿·基叶夫娜结婚了，并生育了2个女儿，即伊拉和埃拉。作为一个指挥千军万马的统帅，朱可夫看上去是非常严厉的，但是，他在女儿们的心中却是一个慈爱的父亲。

在前线的朱可夫经常会因为军务被召回最高统帅部，从而可以在莫斯科停留一两天。在停留的这一两天内，朱可夫总是会尽量抽空回家，看望妻子和两个年幼的女儿。

朱可夫在战争的间隙，也总是在牵挂着家人。当朱可夫回到莫斯科的家中时，他总是和家人谈论着一些家庭琐事，甚至有时一谈就是几个小时。

　　有时，朱可夫会把手风琴放在腿上，他会假装严肃地演奏着乐曲，从而把妻子和女儿们逗得哈哈大笑，朱可夫给家人带来了极大的欢乐。

　　朱可夫在战争期间，尽管他与家人们在一起团聚的次数屈指可数。但是，朱可夫总是会通过信件与她们保持联系，他用通俗易懂的语言告诉她们战争的进度，同时，他也会谈到自己的健康，并且询问女儿们的功课情况。

▲战功卓著的朱可夫

　　1939年，朱可夫被突然召回了莫斯科，当时妻子害怕极了。因为，在那个时候，像这种不明事由的召回常常意味着要被关进审讯室了。因此，很多将军都会在床头上放一包干净的衣服，以备在半夜三更遭到逮捕时使用。

　　有一次，在为朱可夫送行时，妻子再也控制不住了，她放声

大哭。朱可夫是不喜欢看见别人流泪的，因为他认为这是一种脆弱的表现。

后来，朱可夫在写给家里的信中说，妻子的泪水使他内心很受震撼，他恳求妻子以后要自我克制，这样他才能不必担心家人而全身心地投入到工作中去。在女儿们的心中，朱可夫是一个自信、和蔼、乐观的人。他喜欢开友善的玩笑、品尝美食、爱好读书、乐于结交忠诚的朋友。虽然朱可夫在战场上很严厉，或许还有点儿过于苛刻，但是他是一位真正的指挥官。

女儿们不能接受人们把她们的父亲想象成一个粗鲁、心胸狭隘、冷酷无情的指挥官。她们认为那些人根本就没有认识到，残酷的战争对于一个指挥官的要求是多么的苛刻。只有坚决整治懦夫和不称职的人，并严惩引起恐慌的投机分子和逃兵，才能达到这个时代战争的要求。朱可夫是很重视教育的。在妻子年轻的时候，她曾经花费了很长时间来帮助朱可夫提高俄语水平，帮助他进行听写训练。朱可夫虽然只读完了教堂小学，但是他一直在继续努力学习。在朱可夫早期的信件中有许多明显的语法错误，但是后来就再也没有出现过，在这方面妻子对他的帮助相当大的。

关于朱可夫与阿·基叶夫娜婚姻，女儿伊拉说："父母离婚对于整个家庭来说是个悲剧。也许是妈妈不够忍耐，导致了爸爸永远地离开了我们。他们在1965年1月申请离婚。那年爸爸已经69岁了，而妈妈也65岁了。其实，妈妈一直爱着爸爸，妈妈把她的一生都献给了他，离婚对于她是一个无法承受的伤痛。"

爱的最后幸福归宿

　　1965年1月，朱可夫与女军医加莉娜·亚历山大罗夫娜正式登记结婚。尽管他们年龄相差大约30岁，但毫无疑问，加莉娜是爱朱可夫的。当朱可夫突然生病需要外出治疗的时候，她毫不犹豫地放弃了莫斯科著名的布尔登科医院的工作，陪伴并悉心照料他。后来，他们的女儿玛莎出生了。

　　加莉娜·亚历山大罗夫娜的身材苗条，脸庞圆润漂亮，体态轻盈。在她的内心世界里也是极其丰富的，她具有与众不同的品德，讲话的方式也很独特，所有人都对她的鲜明的个性印象极为深刻。

　　朱可夫与加莉娜·亚历山大罗夫娜初次相遇在西伯利亚的斯维尔德洛夫斯克，朱可夫当时担任了边远的乌拉尔军区的司令员，而这时的加莉娜从喀山医学院毕业后就一直在这里工作。

　　朱可夫在日记中曾经写到，在初次邂逅加莉娜时，她并没

有引起朱可夫的特别注意。当时他生着病，加莉娜上门给他治疗。在朱可夫康复后，他开始对加莉娜的生活、爱好和家庭产生了兴趣。

朱可夫喜欢加莉娜的谦虚，尤其喜欢她那双漂亮的充满温馨的绿眼睛，但是，那双眼睛看起来又好像隐藏着莫名的忧伤。

与加莉娜邂逅之后，朱可夫看起来好像年轻了许多，也精神了许多。他的脸显得那么地鲜活，总是洋溢着快乐的样子，他眼睛也闪着多彩的光芒。同时，朱可夫平常穿的军服上挂的勋章也多了起来，可见，他是多么想在心爱的人面前显示出他荣耀的一面。

加莉娜一开始并不在乎父亲的注意，她尽量躲避着朱可夫。但是，朱可夫仍就固执地坚持着这份爱。最后，加莉娜渐渐地被朱可夫那强烈、炙热的爱意感动了，最终接受了他的爱。

加莉娜以传染病专家的身份在布尔登科医院工作。后来，她成了一名治疗学家。作为一名女军医，加莉娜经常会反思自己："我怎样才能成为一个对社会有用的人？"她从不后悔成为了一名战地医生。

当时，在战地医疗中经常会出现可怕的疫病和各种流行病，比如霍乱、斑疹伤寒和天花等，它们严重的威胁着人们的健康与生命，而这一问题从青年时期就一直困扰着加莉娜。

加莉娜钦佩那些为追求真理、正义而不惜牺牲生命的英雄们，赞扬他们的勇气。当他们被传染上了这些危险的疾病后，也没有因此而报怨，他们也从不后悔自己曾经义无反顾的投身到革命中去。

当朱可夫和加莉娜一起到保加利亚瓦尔纳度假时，他们过得非常愉快，这也是他们第一次一起度假。朱可夫在行程中还去参观了沙皇鲍里斯的带有漂亮花园的皇宫。这次短暂的旅游，让朱可夫与加莉娜玩得很开心。但是，当假期就要结束时，加莉娜又变得忧郁起来。

一到莫斯科，布尔加宁就打来电话说赫鲁晓夫在中央委员会常务会议上大放厥词，猛烈抨击朱可夫和加莉娜还在瓦尔纳度假

▲朱可夫元帅与夫人加林娜·亚历山德罗夫娜

的事情。

这件事使朱可夫很恼火，他脱口而出，说了一连串针对赫鲁晓夫的言辞尖锐的话，而布尔加宁又把这些话迅速报告给了赫鲁晓夫。

很快，赫鲁晓夫就找朱可夫进行了一次和解性的谈话，赫鲁晓夫说："我并不是反对加莉娜，我希望你们能够幸福美满。"那时我还不明白，他是在用"良好的祝愿"当面对我进行试探，看我将来在权力斗争中能否忠诚地支持他。

当朱可夫和加莉娜回到莫斯科时，朱可夫发现加莉娜怀孕了。他亲自过问加莉娜的生活与孩子的情况，他悉心照料着加莉娜的健康，让她喝天然果汁，吃新鲜的水果。

生孩子对加莉娜是一次极其痛苦的经历，在玛莎出生后就体弱多病。随后，加莉娜在写给朱可夫的信上，流露出了她绝望的心情：

> 我的心情糟透了，我们的女儿出了黄疸，无精打采的。医生说他们很担心她的生命，我很害怕会失去她。现在的我简直就要失控了，我不知道该向哪里去求助。

朱可夫看到信后感到非常难过，随后在回信中，朱可夫告诉加莉娜要振作起来，不要屈服于命运的压力。不论环境多么严酷，都要看到美好的生活就在眼前。

年　　谱

1896年12月2日，朱可夫出生。

1906年，小学毕业。

1908年，独自到莫斯科当学徒。

1915年8月7日，应征入伍。因作战勇敢并俘获一名德军军官，而两次获得圣乔治十字勋章。

1919年3月1日，正式成为一名布尔什维克党员。

1920年，担任独立骑兵第十四旅第一团第二连连长。

1922年，获得红旗勋章。

1930年，被任命为骑兵第七师第二旅旅长。

1933年，担任白俄罗斯骑兵第三军第四师师长。

1937年，就任骑兵第六军军长。

1939年6月，任驻蒙苏军第一集团军司令，指挥苏蒙军队成功实施了围歼日军重兵集团的哈勒哈河战役，以伤亡七千余人的较小代价，取得了毙伤日伪军五万余人的伟大胜利，粉碎了日军北进的企图。

1940年6月，朱可夫晋升为陆军大将，并被任命为基辅特别

军区司令。

1941年1月，被任命为苏军总参谋长，成为苏军的首脑人物。

1941年6月22日，苏德战争爆发。次日，苏联成立最高统帅部大本营，朱可夫成为七名成员之一。

1941年7月29日，朱可夫建议斯大林放弃基辅，全力保卫莫斯科。但斯大林不同意，两人发生了激烈的争执。最后，斯大林解除了朱可夫的总参谋长职务，派他到前线担任预备队方面军司令员。

1941年9月，德军包围列宁格勒，朱可夫受命于危难之际，率领列宁格勒方面军与波罗的海舰队协同作战，稳定住了防线。

1941年10月，朱可夫被调回莫斯科，全面负责莫斯科防御战的指挥，顶住了德军的正面强攻。最后取得了莫斯科保卫战的胜利，德军不得不改闪击战为持久战。

1942年8月，朱可夫被任命为副最高统帅，赶赴斯大林格勒前线督战。参与策划斯大林格勒会战，歼灭德军第六集团军，成为苏联卫国战争的伟大转折点。

1943年1月18日，朱可夫指挥列宁格勒破围战，取得胜利，被授予苏联元帅军衔。同年夏季，作为大本营代表，协调指挥库尔斯克会战。

1945年4月16日，朱可夫出任白俄罗斯第一方面军司令，指挥所部于5月2日首先攻克柏林。5月9日，朱可夫代表苏联在德国投降书上签字。6月22日奉命出任胜利大阅兵首长，于24日骑白马检阅受阅部队。

1953年3月，朱可夫任苏联国防部第一副部长。

1955年2月，继布尔加宁任苏联国防部部长。

1956年，在苏共二十大会议上，进入党中央主席团。

1957年10月被解除各职。

1964年恢复名誉。

1965年1月，朱可夫与女军医加莉娜·亚历山大罗夫娜正式登记结婚。

1974年6月18日，朱可夫在莫斯科逝世，享年78岁。

朱可夫
Georgy Konstantinovich Zhukov

本书主要参考资料

《常胜将军朱可夫》周容宇编著　中国戏剧出版社

《朱可夫》时影编著　汕头大学出版社

《胜利象征朱可夫》王日中蔡志强著　世界知识出版社

《朱可夫》罗兰德编著　内蒙古人民出版社

《朱可夫》王日中蔡志强著　世界知识出版社

《二战将帅：朱可夫：军功彪炳》李言主编杨晨光著　中国长安出版社

《传奇统帅朱可夫》燔焕强主编　浦东电子出版社

《功勋卓著的帅才：朱可夫》佟明忠鲁壮著　军事科学出版社

《朱可夫》孙维韬屈平编著　辽海出版社

《朱可夫的故事》彭洪伟编著　汕头大学出版社

《朱可夫》孙维韬孙蕾编著　海天出版社

《朱可夫大传》李延长编著　安徽人民出版社

《朱可夫》张广军编著　中国国际广播出版社

《朱可夫元帅制胜韬略》郭建军编著　陕西旅游出版社